Heinz Etter

Erziehen im Vertrauen – das Join-up-Konzept

Heinz Etter

Erziehen im Vertrauen

das Join-up-Konzept

verlag

6. Auflage erschienen 2014 im Verlag V

ISBN 978-3-9524289-0-0

Umschlaggestaltung und Satz: Beat Etter
Druck: CPI books

Printed in the EC

Weitere Informationen über unsere Arbeit und unser Lieferprogramm finden Sie im Internet unter www.vertrauenspaedagogik.ch

Verlag V, CH-9127 St. Peterzell

Inhalt

Danke

Ich widme dieses Buch meiner Frau Hanni. Mit ihr zusammen habe ich das Join-up-Konzept entwickelt. Viele Gedanken sind von ihr und entstammen ihrer ebenso grossen Erfahrung im Umgang mit Kindern und Jugendlichen.

Ich danke allen die uns in dieser Zeit ermutigt haben, dranzubleiben, insbesondere unseren Kindern und Schwiegerkindern, speziell Beat für die grafische Gestaltung. Ein besonderer Dank gilt Franz Kalberer für seine Korrekturarbeit.

Vorwort

Es ist für uns eine grosse Freude zu sehen, wie Vertrauenspädagogik in der Schweiz zu einem Begriff geworden ist. Diese schnelle Verbreitung verdanken wir unter anderem diesem Buch, das ganz offensichtlich vielen Menschen Antworten gibt auf brennende Fragen.

Ich werde immer wieder etwa gefragt, wie alt denn die Kinder sein sollten, damit man mit ihnen so arbeiten könne. Die Antwort darauf ist einfach: Wir alle – nicht nur Kinder – geniessen es, wenn unsere Nächsten so mit uns umgehen:

- Wenn sie davon ausgehen, dass wir meist gute Gründe haben, etwas zu tun oder eben nicht.
- Wenn sie uns vertrauen, obwohl wir dieses Vertrauen nicht immer verdienten und verdienen.
- Wenn sie uns so annehmen, wie wir sind, und uns lieben mit allen Ecken und Kanten.
- Wenn die Menschen um uns herum uns keine Ultimaten stellen oder uns sonst wie unter Druck setzen.
- Wenn sie uns nicht ausgerechnet dann kritisieren, wenn wir es am wenigsten vertragen.

Und es ist uns wohl allen bewusst, dass wir viel angenehmere und kooperativere Menschen sind, wenn man mit uns so umgeht.

Leider verhalten wir uns insbesondere Kindern gegenüber oft nicht so. Vielleicht, weil wir selber nicht so behandelt wurden oder weil wir denken, dass Kinder so nicht für die Härten des Lebens vorbereitet werden.

Dieses Buch möchte Ihnen zeigen, dass es genau umgekehrt ist. Dass gerade jene Kinder, die Geborgenheit und Sicherheit, viel Annahme und Wertschätzung erleben, nach der ihnen eigenen Weise reifen und sich optimal entwickeln können. Keine Vogelmama wird ihren Kleinen den kalten Wind durch den Flaum pfeifen lassen, damit sie gerüstet sind für den ersten Probeflug. Zuerst müssen die Federn wachsen.

Unsere Kinder brauchen neben dieser Nestwärme noch etwas Wichtiges:

Sie wollen geführt werden, sonst fühlen sie sich ungeborgen und aktivieren alle Arten von Notfallprogrammen.

Nun werden Sie es vielleicht spüren: Unsere traditionelle Erziehungskultur bringt diese beiden Anliegen schlecht zusammen, weil sie davon ausgeht, dass Kinder sich Führung entziehen, wenn sie können, und dass es schwierig bis unmöglich ist, sie liebevoll und respektvoll zu behandeln und dennoch in der Führungsrolle zu bleiben.

In diesem Buch möchten wir Ihnen einen Weg zeigen, der dieses scheinbar Widersprüchliche ohne viel Aufwand möglich macht. Sie werden lernen, wie man Kinder in jene hierarchische Vertrauens- und Liebesbeziehung zurückführt, in die sie hineingeboren wurden und in der wir als Eltern waren, als unsere Eltern-Kind-Beziehung begann. Warum diese Beziehung in vielen Familien schnell einmal erschüttert wird und es zu all den bekannten Erziehungsschwierigkeiten, sprich Beziehungsproblemen zwischen Eltern und Kindern, kommt, ist Thema dieses Buches.

Oft passiert das schon in den ersten Jahren.

Es ist mir deshalb ein Anliegen, diese Personengruppe der Kleinkinder bis etwa sieben Jahre besonders hervorzuheben. Zu verstehen, was sie von uns Erwachsenen und älteren Kindern unterscheidet, hilft enorm dabei, ihnen gerecht zu werden und sie nicht systematisch falsch zu verstehen. Wenn Sie beim Lesen dieses Buches im Blick auf ihre Vorschulkinder stutzig werden, dann lesen Sie vielleicht zuerst das achte Kapitel oder auch das Büchlein «Vertrauen von Geburt an» von Maria Lüscher, das Sie auch auf unserer Webseite www.vertrauenspaedagogik.ch beziehen können.

1. Einleitung

Die meisten Menschen in unserm Land lassen ihre Kinder nach wie vor kirchlich taufen und geloben bei dieser Gelegenheit, ihre Kinder «im christlichen Glauben» zu erziehen. Die wenigsten denken dabei wohl an eine religiöse Erziehung im engeren Sinn. Es ist ihnen aber meistens wichtig, dass sich diese Erziehung von einer muslimischen oder asiatischen Erziehung unterscheidet. Man sollte von daher vielleicht von einer abendländischen oder westlichen Erziehung sprechen. Wodurch ist sie geprägt? Sie unterscheidet sich sicher von der muslimischen darin, dass die Eltern versuchen, Knaben und Mädchen einigermassen gleich zu erziehen. Von der asiatischen unterscheidet sie sich vor allem darin, dass wir vielmehr den einzelnen Menschen im Auge haben als das Kollektiv. Abgesehen von dieser Abgrenzung zeichnet sich die abendländische Erziehung vor allem dadurch aus, dass die Erwachsenen seit der Antike[1] über «die heutige Jugend» klagen und sich ausgesprochen schwertun mit ihrer Nachkommenschaft. Schwerer vermutlich als die Muslime und die Asiaten. Und wohl auch schwerer als Afrikaner und Indios. Viele Eltern fühlen sich überfordert, in unserer Zeit Kinder grosszuziehen.

1 «Die Jugend liebt heutzutage den Luxus. Sie hat schlechte Manieren, verachtet die Autorität, hat keinen Respekt vor älteren Leuten und schwatzt, wo sie arbeiten soll. Die jungen Leute stehen nicht mehr auf, wenn Ältere das Zimmer betreten. Sie widersprechen ihren Eltern, schwadronieren in der Gesellschaft, verschlingen bei Tisch die Süssspeisen, legen die Beine übereinander und tyrannisieren ihre Lehrer.» Sokrates (470 – 399 v. Chr.)

Die Gestelle füllen sich derweil mit Büchern über Erziehung. Die Tochter eines Freundes brachte es ziemlich derb auf den Punkt: «Ich möchte einmal keine Kinder. Ich würde mir diesen Stress nie antun, aber ihr habt das ja offenbar gewollt. Jetzt habt ihr uns halt!»

Es ist nicht das Ziel dieses Buches, den unzähligen Ratgebern einen weiteren hinzuzufügen. Unsere Einladung geht in gewisser Weise den umgekehrten Weg:

Entkleiden Sie Ihr Verhalten von all den unzähligen Tipps und Rezepten, die Sie gelernt haben, und entdecken Sie neu, dass wir von Natur aus alle fähig sind, Kinder zu führen. Und unsere Kinder sind von Natur aus so geschaffen, dass sie sich führen lassen, weil sie «wissen», dass sie ohne die Eltern verloren sind.

Wenn Sie darüber hinaus das Ziel haben, Kinder in den christlichen Glauben hineinzuführen, dann gedulden Sie sich bitte bis zum Kapitel 9. Wir glauben, dass christliche Erziehung zuerst einmal einfach eine gute sein muss. Und die ist weder kompliziert noch schwierig, sondern ist uns im Grunde angeboren. Was Sie aber während der ersten Kapitel im Auge behalten sollten, ist Folgendes: Gott hat sich uns in der Bibel als «unser Vater» vorgestellt. Er hat dieses Bild gewählt, weil er damit eine besondere Beziehung zwischen Ihm und den Menschen beschreiben wollte. Dabei hatte er gewiss nicht jene Beziehung im Auge zwischen einem rebellischen Jugendlichen und einem entnervten Vater, sondern eher dasjenige auf dem Titelbild. Wenn unsere Kinder «Unser Vater…» beten, dann haben sie eine Vorstellung davon, was ein Vater, was eine Mutter ist. Diese Vorstellung wird einen enormen Einfluss haben auf ihr Gottesbild. Und dieses Bild von Gott wiederum wird ihren

Glauben entweder fördern – mehr als aller Religionsunterricht – oder vielleicht auch behindern.

Die meisten Eltern, die einen Erziehungskurs besuchen oder ein Buch über Erziehung lesen, tun das, weil sie feststellen, dass etwas in ihrer Beziehung zu den Kindern nicht stimmt. Sie stellen vielleicht fest, dass die Kinder nicht gehorchen, frech sind, lügen oder stehlen usw. Sie erwarten dann verständlicherweise, dass sie Hilfe bekommen, wie sie mit Kindern umgehen sollen, die solches tun.

Das Join-up-Konzept geht einen andern Weg. Wir gehen davon aus, dass Kinder von Natur aus dazu bestimmt sind, den Eltern und älteren Familienangehörigen zu folgen, und genauso, dass Eltern eigentlich von Natur aus geeignet sind, ihre Kinder zu führen. Die Grundlage dieser Beziehung bildet ein

Ein Pferd, das sich, ohne angebunden zu sein, von einem Kind putzen lässt.

tiefes Vertrauen, wie es ausserhalb der Familienbande selten ist. Eine solche vertrauensvolle Beziehung zwischen zwei Wesen (Menschen oder Tieren) nennen wir Join-up. Den Begriff hat Monty Roberts geprägt.

Er hat der Welt bewiesen, dass man Pferde ohne Gewalt für eine freiwillige Zusammenarbeit – für ein «Join-up» – gewinnen kann und übrigens auch ohne den Einsatz von Belohnungen. Ja, dass es sogar möglich ist, dass Sie und ich ein Pferd für ein Join-up gewinnen können. Viele Teilnehmer des Alpha-Trainings bei meiner Frau haben das praktisch ausprobiert und schwärmen übereinstimmend, was für ein überwältigendes Gefühl es sei, wenn man spüre, dass sich das Pferd einem vertrauensvoll anschliesse.

Falls Sie keine Möglichkeit haben, das Video auf unserer Webseite anzuschauen, müssen Sie sich noch ein paar Seiten gedulden. Weiter hinten beschreibe ich, was man da beobachten kann. Interessant ist, dass Montys Entdeckung von vielen Pferdeexperten damals wie heute ignoriert wird. Sie meinen zu wissen, wie man Pferde gefügig machen kann bzw. muss. Montys leiser Weg passt nicht in ihr Pferdebild. Montys eigener Vater wollte dem Jungen die Ideen sogar mit Gewalt austreiben. Seien Sie also darauf gefasst, wenn Sie die Ideen dieses Buches weitererzählen.

Dieses Join-up-Prinzip des Pferdeflüsterers, wie er es in seinen Büchern beschreibt, und die Schriften von Jesper Juul bilden den psychologischen Hintergrund unseres Ansatzes, der durch das Studium der Arbeit des kanadischen Bindungs- und Entwicklungsforschers Dr. Gordon Neufeld bestätigt und vertieft wurde. Viele ihrer Folgerungen und Forderungen haben wir zu unserer Überraschung auch in der Bibel gefunden, und sie haben uns die Augen dafür geöffnet, dass man eigentlich aus der Botschaft Jesu für den Umgang mit Kindern andere

Haben Sie schon eine Entenmutter gesehen, die nach hinten schnattert: «Wo bleibt ihr denn?!»

Schlüsse ziehen könnte – ja müsste, als die christliche Tradition das bis jetzt getan hat.

Die Natur als Vorbild

Haben Sie sich auch schon überlegt, warum Tiere ihre Jungen ohne nennenswerte pädagogische Probleme grossziehen können? Sie kennen sicher das eindrückliche Bild: Eine Ente schwimmt über den Teich. Hinter ihr in dichtem Schwarm ihre Jungen. Die Entenmutter schaut nicht dauernd zurück, sondern konzentriert sich darauf, wohin sie die Schar führen will. Sie vertraut darauf, dass die Kleinen ihr folgen. Und sie hat recht. Die Kleinen bleiben dicht hinter ihr, und wenn eine Welle ein Entlein vielleicht ein bisschen von der Gruppe abdrängt, strampelt es wie wild, bis es den Anschluss wieder hat. Gott hat es in der Natur so eingerichtet, dass die Kinder ihren Eltern folgen, ohne dass diese eine besondere Ausbildung dafür bräuchten.

Wer könnte sich dieser Ausstrahlung entziehen?

Unsere Hündin, die meine Kindheit begleitete, hatte nur dann Probleme mit ihren zahlreichen Jungen, wenn wir Kinder ihr ins Handwerk pfuschten. Die Jungen verliessen das Nest nicht vorzeitig, obwohl sie weder angebunden noch eingeschlossen waren. Sie blieben dort, bis sie «flügge» waren und auszogen, die Welt kennenzulernen.

Obwohl wir keine Katzenmütter sind, löst dieses Bild in uns mütterliche, fürsorgliche Gefühle aus. Es gibt interessante Untersuchungen darüber, welche Muster in einem Kindergesicht diese Gefühle auslösen. Wir beobachten immer wieder, dass Pferde wie auf Eiern gehen, wenn ein Kind auf ihnem Rücken sitzt. Ganz offensichtlich nehmen diese auch wahr, dass das nicht einfach kleine Erwachsene sind, sondern eben Wesen, die Schutz und Rücksicht brauchen und (dies sei hier vermerkt für die spätere Erinnerung) die eher vertrauenswürdiger sind als Erwachsene. Es sind unzählige Botschaften, die Kinder – menschliche, wie tierische – den Eltern senden, die vielleicht etwa Folgendes sagen:
«Ich bin schwach und hilflos, beschütze und versorge mich. Vor mir brauchst du keine Angst zu haben. Mir kannst du vertrauen usw.»

Erwachsene nehmen diese Signale auf und verhalten sich entsprechend. Diese Situation, laufend durch Botschaften bestätigt, bleibt bis zu dem Moment bestehen, wo das Jungtier sich ablöst und eigene Wege geht. Dieser Ablösungsprozess ist im Tierreich kaum durch pubertäre Störungen begleitet. Keine Stute wird je ihr Fohlen länger als nötig behalten wollen. Der Hengst schon gar nicht. Ob es damit zusammenhängt?

Unter sozialen Tieren gibt es eine geregelte hierarchische Ordnung. Diese Rangordnung wird im Normalfall ohne Gewalt hergestellt und aufrechterhalten. Die Ordnung unter den Hühnern zum Beispiel wird nur dann zur «Hack»-Ordnung, wenn diese zu wenig Platz haben.

Wir gehen davon aus, dass auch menschliche Kinder von Natur aus darauf angelegt sind, sich den Eltern unterzuordnen, und dass sie dazu nicht durch komplizierte Verfahren oder durch Gewalt gebracht werden müssen.

Dass auf der einen Seite Kinder von ihren Eltern misshandelt und vernachlässigt werden und auf der andern Seite viele Eltern unter der Last der Kinderbetreuung und –erziehung leiden, ist eine traurige Realität unserer Zeit, die in der Natur keine Parallele hat.

So wollen wir nun im nächsten Kapitel näher hinschauen, wie Pferde ihre Rangordnung herstellen und wie sie ihre Jungen erziehen. Wir wollen ihre Führungsprinzipien kennenlernen und hoffen, dass es uns weiterhilft beim Freilegen von menschlichem Sozialverhalten, das wir nicht mühsam auf Seminarien erlernen müssen, sondern das uns gewissermassen in die Wiege gelegt wurde.

Natürlich sind Kinder keine Fohlen, und der Vergleich hört auch bald einmal auf, aber die Parallelen, die es gibt, sind derart verblüffend, dass es sich lohnt, darüber nachzudenken. Dieses Buch will Ihnen nicht in erster Linie Tipps vermitteln, wie Sie mit Ihren Kindern umgehen sollen, deshalb spielt es auch nicht so eine Rolle, ob Ihre Kinder klein oder gross sind. (Allerdings finden Sie im Kapitel 8 wichtige Informationen über den Umgang mit Vorschulkindern.)

Ich will Ihnen vielmehr aufzeigen, wie Sie zu einer völlig neuen Beziehung zu Ihren Kindern finden, die geprägt ist von gegenseitigem Vertrauen und von freiwilliger Unterordnung in Würde. Die meisten elterlichen Verhaltensmuster passen allerdings schlecht für Kinder in dieser Situation. Diese Vertrauensbeziehung nennen wir wie gesagt «Join-up», und das Buch handelt davon, wie wir Kinder – und uns selber – in ein solches Join-up führen können. Darin hilft uns der Vergleich mit den Pferden. Entscheidender aber ist die Frage, wie wir dafür sorgen, dass Kinder im Join-up bleiben. Dafür braucht es für die meisten Erwachsenen ein fundamentales Umdenken.

2. Das Join-up mit dem Pferd

Normalerweise werden Pferde im Einreittraining dazu gebracht, sich dem Menschen unterzuordnen. Junge Pferde lernen, dass sie sich schmerzhafte Eingriffe des Reiters ersparen, wenn sie tun, was dieser will. Montys Vater brachte solches Wildpferden bei, was nicht ohne rohe Gewalt möglich schien. Vielleicht haben Sie in einem Western-Film schon ein Rodeo gesehen. Da setzen sich tollkühne Cowboys auf Wildpferde und versuchen, möglichst lange oben zu bleiben, obwohl diese alles tun, den Reiter abzuwerfen. Ebensolche Pferde brachte Monty Roberts vor fassungs- und verständnislosen Kollegen dazu – ohne jede Anwendung von Gewalt – einen Reiter samt Sattel zu akzeptieren. Nur wenige konnten sich allerdings mit dieser sanften Methode anfreunden. Auch sein Vater nicht. Die Angst der Pferde schien ihnen verlässlicher zu sein als deren Vertrauen. Wie kam es dazu?

Monty selber hat als Jugendlicher durch die Beobachtung einer Wildtierherde herausgefunden, wie Pferde miteinander kommunizieren, so dass es immer klar ist, wer die Leitstute ist und welches Pferd Vorrang vor einem anderen hat. Er hat studiert, wie Stuten ihre Füllen führen und auch bestrafen, wenn sie sich nicht korrekt benehmen. Was aber das Faszinierende ist: Auch Menschen können die Pferdekommunikation erlernen. Sie ist also nicht an einen Pferdekörper gebunden. Diese Entdeckung hat sein Leben verändert und viele nach ihm und durch ihn. Er zeigte den Menschen, dass und wie es

möglich ist, dass wilde Pferde sich einem Menschen freiwillig anschliessen.
Im Alpha-Training haben die Teilnehmer die Möglichkeit, das selber auszuprobieren. Die Kurzfilme, die Sie im Internet finden, dokumentieren das eindrücklich. Freilich tun wir das nicht mit Wildpferden. Aber auch gezähmte Pferde laufen nicht jedem nach. Ausserdem gibt es ganz verschiedene Stufen von Join-ups. Ein geübtes Auge kann genau erkennen, wie gross oder wie klein das Vertrauen des Pferdes ist, und vor allem ist es interessant zu beobachten, wie lange ein Pferd im Join-up bleibt.

Klicken Sie auf das Video auf unserer Webseite www.vertrauenspaedagogik.ch (Menüs «Konzept der VP» – «Der Unterschied»). Im ersten Video sehen Sie den eindrücklichen Unterschied im Verhalten des Pferdes und des Reiters als Vorher-nachher-Vergleich. Das Video darunter zeigt die sechs Minuten, die im ersten Video fehlen. Es zeigt den Klärungsprozess, der unsere zart besaiteten Seelen vielleicht komisch anmuten mag: Das Pferd wird weggeschickt! Das geschieht in der Herde nicht anders. Die Leitstute zeigt klar: «Du kannst dich mir anschliessen, sonst aber musst du weggehen.» In der Herde ist es entscheidend, dass die starken und klugen Stuten führen. Sie spüren instinktiv, dass es ihr Auftrag ist, im Dienst der Herde den Platz einzunehmen und nicht zu dulden, dass Pferde da sind, deren Position nicht klar ist.

Ein solcher Positionsbezug ist dann befremdlich, wenn man gefangen ist in unserer Vorstellung, dass die hierarchische Position den Wert des Individuums ausmacht. Die Pferde scheinen das anders zu sehen. Sie werden als Spaziergänger Ihre liebe Mühe haben, bei einer grasenden Herde zu sehen, wer welchen Rang einnimmt. Erst, wenn die Herde sich in Bewegung setzt, wird das sichtbar. Wenn man sieht, wohin diese

Hierarchiebildung führt, nämlich zu einem harmonischen Miteinander ohne dauerndes Machtgerangel, tut sich eine Hoffnung auf: Könnten wir uns als Menschen auf solche Strukturen zurückbesinnen?

Man kann das Join-up in der Pferdekoppel aber auch in Beziehung bringen mit einem angeborenen Verhalten von Fohlen. Wenn sie sich in der Gruppe schlecht benehmen (das gibt es auch bei Pferden), zum Beispiel dort fressen, wo ein ranghöheres Pferd fressen will, dann wird das Fohlen weggeschickt. Es muss dann ausserhalb der Herde warten, bis ihm gestattet wird, wieder zur Herde zu stossen.

An Vorträgen, wo ich ein Join-up-Video im normalen Ablauf zeige (Filme auf YouTube)[2], stoppe ich das Video jeweils nach ein paar Minuten und frage das Publikum:

«Was geschieht, wenn der Mensch aufhört, das Pferd im Kreis herumzuschicken? Wird es sich möglichst weit entfernen von ihm? Irgendwo ein bisschen Futter suchen und hoffen, dass man es in Ruhe lässt?»

Der Effekt ist dann sehr eindrücklich: Die meisten Betrachter vermuten, dass das Pferd sich vom Menschen zurückzieht, und staunen dann, dass genau das Gegenteil geschieht: Das Pferd kommt zum Menschen, und es ereignet sich das, was Monty Roberts «Join-up» nennt.

Für alle, die keine Möglichkeit haben, im Internet ein solches Video anzuschauen, möchte ich kurz schildern, was man da sehen kann: Stellen Sie sich vor, ein Mensch, wir wollen ihn Stefan nennen, steht in der Mitte eines rund eingezäunten Platzes. In der einen Hand hält er einen Strick, der als verlängerter Arm dient. Am Rande steht ein Pferd, vielleicht Mirko.

---

2 Diesen Film finden Sie bei www.youtube.com. Geben Sie das Suchwort «heinzetter» ein, dann finden Sie dort ein paar solcher Join-up-Videos.

Stefans Aufgabe ist es, das Pferd dazu zu bringen, ihm auf dem Fuss zu folgen, stehen zu bleiben, wenn er stehen bleibt, und weiterzugehen, wenn er weitergeht. Und das wohlverstanden, ohne das Pferd zu berühren. Meine Frau Hanni leitet Stefan an und sagt ihm nacheinander, was er zu tun hat.

Zuerst schickt er das Pferd im Kreise herum. Er selber bleibt mehr oder weniger in der Mitte des Kreises und geht scheinbar immer etwa auf die Hinterhand des Pferdes zu. Weil das Pferd im Kreis herum trabt, beschreibt auch Stefan einen Kreis, allerdings mit einem viel kleineren Radius. Nach einer Weile wechselt er den Strick in die andere Hand, was das Pferd als Vorbereitungszeichen wahrnimmt, und schneidet ihm mit ausgestrecktem Arm und Strick den Weg ab. Das Pferd ändert daraufhin seine Richtung. Wenn er will, dass es etwas schnel-

Mittlerweile arbeiten viele Reitbetriebe nach der Methode von Monty Roberts. Dieses Beispiel stammt aus der Webseite: www.cspastoral.com. Im Umgang mit Kindern haben wir einen vergleichbaren Entwicklungsschritt noch vor uns.

ler läuft, wirft er den Strick gegen seine Hinterhand, ohne ihn indes loszulassen. Während der ganzen Zeit schaut Stefan dem Pferd immer wieder in die Augen. Das ist für das Pferd ein klares Signal: «Ich betrachte mich als stärker und daher beauftragt zu führen.» Der Blick in die Augen ist ein klares Überordnungssignal. Vielleicht hören Sie, wenn Sie das lesen, Ihren Vater sagen: «Schau mich an, wenn ich mit dir rede!» Und vielleicht erinnern Sie sich und spüren wieder, wie sich das damals als Kind anfühlte, den Kopf zu heben und den fordernden Blick des Vaters auszuhalten.

Der Vorgang mit dem Richtungswechsel wiederholt sich mehrmals, bis das Pferd durch Kauen andeutet, dass es bereit ist sich unterzuordnen. Man kann das auch an den Ohren sehen. Während sich das Pferd am Anfang darauf konzentriert, was ausserhalb des Kreises vorgeht, und höchstens mit einem Ohr auf Stefan hört, richten sich mit der Zeit beide Ohren auf Stefan. Das Signal ist klar: «Ich anerkenne dich als Leitpferd. Ich sehe, dass ich mich entspannen kann. Ich schliesse mich dir gern an, denn du scheinst ein starkes Pferd zu sein.» Stefan nimmt dieses Signal wahr. (Vielleicht muss Hanni Übersetzungsdienste leisten). Er hört auf, dem Pferd in die Augen zu schauen, und zeigt an, dass er das Verhältnis zwischen beiden als geklärt betrachtet. Er schnipst mit dem Finger, dreht dem Pferd den Rücken zu und wartet, was passiert. Das Pferd nähert sich langsam und wartet darauf, dass Stefan sich umdreht und mit einem Klopfen auf den Hals sagt: «Okay, einverstanden, lass uns Partner sein. Ich übernehme die Führung. Du darfst dich mir anschliessen. Ich vertraue dir, dass du dich unterordnest. Ich muss gar nicht mehr hinsehen.» Jetzt geht Stefan weg, ohne sich darum zu kümmern, was das Pferd tut. (Erinnern Sie sich an die Entenmutter?) Dieses setzt sich ebenfalls in Bewegung und folgt ihm. Jetzt bleibt Stefan plötzlich stehen, und es dauert keine Zehntelssekunde, bis das Pferd darauf reagiert und auch stehen bleibt. Dort verharrt es so lange, bis Stefan weitergeht, auch wenn das mehrere Minuten dauert.

Die richtigen Signale sind wichtig für das Erreichen eines Join-ups, das die Beteiligten übereinstimmend als etwas Beglückendes beschreiben. Wie sich allerdings das Pferd im Join-up verhält, ist dann wieder eine andere Sache. Manche Pferde kommen immer näher, andere lassen den Abstand immer grösser werden und verlassen schliesslich das Join-up, um wieder eigene Wege zu gehen. Das Spiel müsste dann von vorn beginnen. Das ist je nach Pferd, vor allem aber je nach Mensch, verschieden. Wir haben festgestellt, dass das Pferd sehr genau spürt, was im Kopf des Menschen vorgeht, ob er seiner Sache sicher ist oder ob die energischen Bewegungen nur aufgesetzt sind. Das Pferd spürt sehr genau, ob der Mensch misstrauisch oder gar feindselig ist. Je nachdem kommt es zu gar keinem Join-up, oder das Pferd verlässt das Join-up sofort wieder.

Unter Pferden geschieht dieser Positionsbezug in der Regel kaum wahrnehmbar. Dennoch geschieht er laufend, denn es wäre fatal, wenn ein geschwächtes Pferd an seiner Position bliebe.

3. Über- und Unterordnung

Beim Beobachten dieser Vorgänge wurde mir schlagartig bewusst, dass auch die Beziehungen zwischen Kindern und Erwachsenen so gesteuert werden. Dass es auch unter uns Menschen solche Signale geben muss. Unter diesem Gesichtspunkt erschien mir meine ganze Erfahrung als Vater und als Pädagoge plötzlich in einem neuen Licht. Es kam mir wie eine Offenbarung vor – und war wohl auch eine. Und sie gab den Anstoss, eine Join-up-Pädagogik zu entwickeln.

Wir machten uns auf die Suche nach Signalen, die die Hierarchie unter Menschen regeln. Wenn unsere Überlegungen stimmten, dann müssten wir alle solche Signale richtig lesen können, auch wenn uns das niemand beigebracht hat. Und wir wurden uns auch unmittelbar bewusst, was für Folgen es haben muss, wenn sich Kinder und Jugendliche laufend Unterordnungssignalen seitens der Erwachsenen ausgesetzt sehen oder wenn sie erfahren, dass viele Erwachsene Überordnungssignale der Kinder ahnungslos hinnehmen.

- Wer weicht aus, wenn Jugendliche und Erwachsene auf dem Trottoir genau aufeinander zugehen?
- Wer grüsst wen zuerst?[3]

Das sind Dinge, die wohl jedem Kind klar wären, wenn sich nicht mittlerweile Menschen völlig widernatürlich verhalten würden. Wie sieht es aus, wenn ein Kind eine erwachsene

---

3 Beachten Sie dazu auch den Abschnitt 11.4. «Wer grüsst wen?»

Person schlägt und diese das duldet? Vielleicht geht es Ihnen wie mir und sie sehen auf Schritt und Tritt solche Signale – auch zwischen Erwachsenen. Vielleicht hilft es Ihnen, wenn Sie sich überlegen, was sich im Kopf einer Mutter in der folgenden Situation abspielen könnte:

Die Familie sitzt am Tisch. Ein elfjähriger Junge schaut in den Brotkorb und sagt in vorwurfsvollem Ton: «Hat es kein Brot mehr?»

Wird die Mutter aufstehen und sofort Nachschub holen? Wird sie sich ein bisschen schuldig fühlen, weil sie nicht genug Brot aufgeschnitten hat? Oder wird sie ganz ruhig sagen: «In der Küche hat es noch mehr, sei so gut und hole welches.»

Es gibt natürlich noch viele andere Möglichkeiten zu reagieren. Eines aber ist sicher: Könnten wir in die Köpfe der Beteiligten schauen, dann könnten wir sehen, wer hier das Sagen hat, wer wem dienen **muss**, kurz: wer sich wem unterordnet.

Dabei ist das Dienen im richtigen Sinn das wohl eindrücklichste und erfüllendste Überordnungssignal.

So beginnt das Leben eines Kindes, dass es umsorgt, gepflegt und geschützt wird. Wohl jedes Kind reagiert darauf mit Unterordnung, ...

... solange – ja und da liegt der Knackpunkt – das Kind all diese Dienste nicht einfordert oder anordnet, sondern einfach so bekommt oder dann erbittet.

Vielleicht ahnen Sie, wie schwierig es für ein Kind ist «Vater und Mutter zu ehren», wie es in den zehn Geboten an prominenter Stelle gefordert wird, wenn es spürt, dass es die Eltern in der Hand hat, dass die Eltern von seiner Gunst abhängig sind und einen Konflikt mit ihm nur schwer aushalten können, sondern lieber vorher klein beigeben.

Ich lade Sie ein, mit der Lektüre innezuhalten und sich auf die Suche zu machen nach solchen gefährlichen Signalen: Signale also, die Kinder empfangen und meist unbewusst als Signale der Unterordnung deuten. Wer schliesst ein Gespräch ab? Wer bestimmt den Ton im Streitgespräch? Wer kann es sich leisten, ungestraft andere abzuwerten?

Kommen wir zurück zum Join-up. Es ist geprägt von einer alles entscheidenden Grundfrage, die hier geklärt wird:

Die Bedürfnislage: Wer braucht wen? Die Antwort darauf wird die Hierarchie festlegen.

Stefan hat es in der Pferdekoppel erlebt: Er hat dem Pferd durch das Wegschicken klargemacht: Ich schaffe es ohne dich. Wenn du meine Führung willst, dann halte dich an meine Weisungen. Es liegt auf der Hand, dass sich unterordnen muss, wer abhängig ist, wer Schutz und Hilfe sucht, und es leuchtet sofort ein, dass sich überordnen kann – nein muss – wer unabhängig und stark ist.

Wie aber ist das bei den Menschen? Haben Sie auch schon beobachtet, dass manche Eltern den Kindern das Gefühl geben, dass sie die Kinder brauchen anstatt umgekehrt? Dass bei einer Trennung die Eltern mehr leiden als das Kind? Dass in einem Konflikt das Kind den längeren Atem hat, weil die Eltern ohne das Wohlwollen des Kindes nicht leben können oder wollen? Diesem Phänomen wollen wir im nächsten Kapitel nachgehen.

Auf der andern Seite nutzen Eltern aber auch diese kindliche Abhängigkeit aus, um Kinder gefügig zu machen und Druck auf sie auszuüben. Es gibt ganze pädagogische Lehrbücher, die die kindliche Trennungsangst als Mittel gegen die elterliche Ohnmacht nutzen, die sich aus dem Verzicht auf die Körperstrafe ergeben hat. Und es stimmt: Der stille Stuhl ist ein Ort, wo fast jedes Kind sich sagt: «Ich will wieder lieb sein, wenn ich nur nicht getrennt bin von Mami.» Oft werden die Kinder gerade dann isoliert, wenn sie die Nähe der Eltern am meisten bräuchten – dann zum Beispiel, wenn sie sich daneben benommen haben und spüren, dass die Eltern frustriert sind. Abhängig zu sein verkommt so zu einer demütigenden Situation und bekommt jenen bitteren Beigeschmack, der vielleicht als Gegenreaktion das humanistische Ideal der Selbstbestimmung begründet hat.

Wer spürt, dass seine Abhängigkeit als Macht- und Druckmittel gegen ihn verwendet wird, wird sich früher oder später dagegen auflehnen. Viele Jugendliche schütteln diese Abhängigkeit genau dann ab, wenn sie die Eltern dringend brauchen würden: in der Pubertät.

Dass Jugendliche nicht in erster Linie selbstbestimmt sein wollen, wissen alle, die mit ihnen zu tun haben. Sie suchen vielmehr Geborgenheit und Schutz in der Bindung an andere Menschen. Der Frage, warum das oft nicht mehr jene sind, die für sie Verantwortung tragen, wollen wir in den nächsten Kapiteln nachgehen.

4. Bindungs- und Gestaltungskräfte

Kinder und Jugendliche sind sich gewohnt sich unterzuordnen, auch wenn sie zu Hause vielleicht ganz rebellisch sind. Sie erleben die meisten dieser Hierarchiebildungen ohne äusseren Druck. Sie schliessen sich freiwillig irgendwelchen Leitfiguren an. Oft fragt man sich, was diese denn auszeichnet, und man mag sich bisweilen die Haare raufen...

Diese Führungspersönlichkeiten haben sich meist nicht gross darum bemüht, dass man sich ihnen anschliesst. Stellen Sie sich einen Jungen vor, wir wollen ihn Damian nennen, der in der Pause eigentlich gern Basketball spielen möchte. Nun hört er aber Bernhard sagen: «Komm, wir spielen Fussball!» Jetzt stellt sich für Damian eine schwierige Frage: Soll ich es wagen, einen andern Vorschlag zu machen? Soll ich mich Bernhard anschliessen? Was, wenn die anderen ihm folgen? Damian braucht keine besondere Unterweisung, um das Risiko abzuschätzen. Jeder Junge spürt instinktiv, was da abgeht. Er kann die Signale der andern lesen. Wie stehen sie da? Wie schauen sie auf ihn? Auf Bernhard? Unbewusst nimmt Damian auch den Tonfall wahr und zieht daraus seine Schlüsse.

Solche Vorgänge wiederholen sich unter Kindern (und unter Erwachsenen) täglich mehrfach. Und immer wieder geht es darum zu entscheiden: Ist es besser mich unterzuordnen, oder ist es meine Aufgabe, mehr Einfluss zu nehmen? Fast alle diese Prozesse werden durch subtile Signale gesteuert und lösen weder Konflikte aus, noch Streit oder gar Gewalt.

Was können wir als Eltern daraus schliessen? Wäre es möglich, dass unsere Kinder und Jugendlichen sich uns freiwillig anschliessen, ohne dass wir sie mit Druck- und Machtmitteln gefügig machen müssen oder aber den Dingen ihren Lauf lassen müssen? Ja, das ist möglich. Als Eltern haben wir erst noch viel bessere Möglichkeiten als ihre Klassenkameraden. Es liegt aus verschiedenen Gründen im ureigenen Interesse des Kindes oder des Teenies, sich uns unterzuordnen:

- Jedes Kind und jeder Jugendliche möchte starke Eltern haben. Kleine Jungs hört man sagen: «Mein Papa ist stärker als deiner.» Auch der rebellischste Jugendliche lässt es nicht zu, dass man seine Mutter beleidigt.
- Auf der andern Seite sucht jedes Kind den Respekt, die Liebe und die Achtung seiner Eltern. Nichts schmerzt ein Kind mehr, als von den Eltern herabgesetzt und gedemütigt zu werden. «Ich kann mir nicht vorstellen, dass aus dir einmal etwas Rechtes wird.» Ein solcher Satz aus dem Munde des Vaters kann ein Leben nachhaltig vergiften.
- Jedes Kind und jeder Jugendliche ist auf die Versorgung durch die Eltern angewiesen (Nahrung, Obdach, Schutz...).

Was allerdings jedem Join-up entgegensteht (auch dem unter Gleichaltrigen), ist das Bedürfnis des Kindes nach Freiheit und Unabhängigkeit und auch das unterschiedlich ausgeprägte Streben nach Verantwortung und Einfluss. Dieses Streben ist nicht etwa schlecht und müsste bekämpft werden. Im Gegenteil: Ohne dieses Streben wäre es nicht gewährleistet, dass immer die Starken und Klugen die Gemeinschaft anführen. Das ist in der Pferdeherde nicht anders. Auch hier muss die Leitstute täglich durch Signale bestätigen: Ich bin fit und nach wie vor in der Lage, die Herde zu führen. Sobald sie es nicht tut, wird eine andere Stute die Führung übernehmen.

Es liegt also auf der Hand, dass jeder und jede Jugendliche hin- und herpendelt zwischen dem Sich-Anschliessen und dem Sich-Ablösen und dem Probieren des Widerstands. Das fängt schon im Kleinkindalter an. Aufgabe von uns Eltern muss es demnach sein, dem Kind zu zeigen, dass wir seinen Wunsch nach Unabhängigkeit im Rahmen des Vernünftigen unterstützen, ihm aber gleichzeitig klarmachen, dass vorläufig die Hierarchie so bleiben muss, wie sie ist: Eltern führen Kinder und nicht umgekehrt.

Vielen Jugendlichen – insbesondere jenen, die von ihrer Umgebung als rebellisch wahrgenommen werden – fehlt nun aber diese Sicht der Dinge. Sie anerkennen die Eltern und oft auch die Lehrkräfte nicht mehr als Führungspersönlichkeiten. Vielmehr haben sie selber die Führung übernommen. Sie lassen sich nur noch durch irgendwelche Machtmittel oder auch durch Mittel der Verführung und Bestechung führen. Wie kam es dazu? Das kann ganz verschiedene Gründe haben, die ich hier nicht im Einzelnen aufführen will und kann, und sie werden bei jedem Kind anders sein. Alle aber scheinen sie mir ein Strickmuster gemeinsam zu haben. Es geht um die Balance zwischen Bindungs- und Gestaltungskräften bzw. dem Willen des Kindes, sich anzuschliessen, Geborgenheit und Schutz zu geniessen, und dem Willen, seine Welt selber zu gestalten, selber Einfluss zu nehmen.

Betrachten wir zunächst die Bindungskräfte.

4.1. Bindungskräfte

Jedes Kind sucht die Nähe anderer Kinder und insbesondere auch die Nähe der Eltern. Dieses Bedürfnis möchte ich im Folgenden als Bindungskraft bezeichnen. Die Sehnsucht nach Wertschätzung und Anerkennung durch andere ist bisweilen so stark, dass ein Kind bereit ist, sich völlig aufzugeben, nur um nicht isoliert zu werden. Sie kennen das bestimmt aus eigener Anschauung, wie beispielsweise Jugendliche nur noch anziehen, was in der Klasse als «in» gilt.

In Bezug auf die Eltern sind die Bindungskräfte so stark, dass Kinder auch dann noch zu ihren Eltern stehen und sie lieben, wenn sie durch diese x-mal im Stich gelassen worden sind, wenn sie misshandelt und missbraucht worden sind. Ich habe beobachtet, dass auch und gerade bei solchen Kindern bei einer Beleidigung gegen die Mutter alle Dämme brechen und oft nur noch die Fäuste sprechen können.

Diese Mütter selber merken oft nur noch wenig von dieser Bindung, weil andere Bindungen sich in den Vordergrund gedrängt haben, dennoch sind sie da.

4.2. Gestaltungskräfte

Kinder haben aber auch ein angeborenes Bestreben nach Autonomie und Selbstbestimmung. Kinder probieren schon früh, den eigenen Willen gegen jenen der Eltern und Geschwister durchzusetzen. Dabei sind sie manchmal nicht zimperlich und nehmen es in Kauf, dass es Konflikte gibt. Kaum aber kommt das Kind zur Ruhe, sucht es wieder die Nähe der andern und die Nähe der Eltern. Es erkennt: Man kann nicht beides haben. Entweder ist man kompromissbereit, oder man wird einsam. Viele Kinder machen aber diese Erfahrung nicht in der nötigen Nachhaltigkeit: Sie erleben das, was man eigentlich als erzieherischen Super-GAU bezeichnen müsste:

Nicht wenige Kinder gewinnen Macht über ihre Eltern und können dann scheinbar beide Grundanliegen auf einen Schlag abdecken: Sie können machen, was sie wollen, und bekommen dennoch die geforderte Zuwendung und Fürsorge.

Es gelingt ihnen in der Tat oft, mehr Zuwendung und Fürsorge der Eltern zu erzwingen, als die kooperativeren Geschwister erhalten. Es gelingt ihnen, jenes Essen zu ergattern, das sie mögen, und zum Zeitpunkt, den sie selber bestimmen. Es gelingt ihnen, das zu spielen, was sie im Moment wollen, oft auch noch mit der Mitwirkung der Eltern. Es gelingt ihnen, das Ausflugsziel zu bestimmen, den Zeitpunkt, wann man zurückfährt oder auch nicht, ja oft sogar, wer wo im Auto sitzt usw. Bei alledem erleben sie, dass sie beides gleichzeitig haben können: Die Eltern kümmern sich um sie, sie können von deren Möglichkeiten (Autofahren, Einkäufe machen usw.) profitieren, ohne sich ihnen unterordnen zu müssen. Sie werden also gleichzeitig versorgt und können ihr Bedürfnis nach Einfluss und Unabhängigkeit nach Belieben ausleben.

Was sie dabei allerdings verlieren, ist das gute Gefühl, starke Eltern zu haben, die Geborgenheit und Sicherheit vermitteln und deren Werte zu übernehmen sich lohnt. Auch die Eltern haben dabei kein gutes Gefühl. Viele schildern, dass es sich anfühle, wie wenn da eine Zeitbombe ticke: Einstweilen richte sie kein Unheil an, weil man immer wieder etwa Druckmittel habe. «Wenn du jetzt mitkommst, dann bekommst du zu Hause das und das und kannst noch ein bisschen fernsehen.» Manchmal wirken Drohungen: «Wenn du jetzt den Fernseher nicht ausschaltest, dann verstecke ich das Stromkabel.» Die bange Frage stellt sich nur: Wie lange wirken diese Drohungen und Bestechungen noch?

Wieso kommt es so weit?

Auch Eltern haben, wie oben schon erwähnt, ein Bedürfnis nach Liebe, Anerkennung, Wertschätzung und Zuwendung. Wenn dieses Bedürfnis durch die Kinder abgedeckt werden soll, wird es gefährlich. Auch wenn es etwas Wunderbares ist, in strahlende Kinderaugen zu blicken, dürfen wir doch als Erwachsene nie davon abhängig werden. Wir bringen sonst die Kinder um eine der lebenswichtigsten Erfahrungen, nämlich um das Spüren ihrer eigenen Bindungskräfte. Wir hindern sie daran, ihre Abhängigkeit und Bedürftigkeit zu spüren, bevor die Bindungskräfte der Erwachsenen in Form von übertriebener Fürsorglichkeit und Willfährigkeit ihre eigenen zudecken. Erwachsene, ständig auf der Suche (wenn nicht süchtig) nach Wertschätzung und Liebe der Kinder, sind versucht, Kindern etwas zu geben, bevor diese ein Bedürfnis spüren, oder Kinder zu herzen und zu drücken, die im Moment gar keine Nähe suchen. Sie sind in Gefahr, Kinder zu füttern, die keinen Hunger haben, und sie sind versucht, Kinder mit Angeboten an Unterhaltung und Spielsachen zu überhäufen, so dass diese kaum mehr die schöpferische Leere erleben können. Solche Kinder lernen, dass Liebe, Verständnis und Fürsorge Güter sind, die gratis und im Überfluss zu haben sind, ja, auf die sie ein Recht haben und für die sie selber nichts tun müssen. Bedingungslos geliebt zu werden ist etwas Wunderbares. Kinder in dieser Lebenslage werden das kaum so sehen, denn sie spüren instinktiv, dass etwas nicht stimmt. Sie spüren, dass es nicht freiwillige Liebe ist, was sie da bekommen, sondern ein ohnmächtiges «Nach-ihrer-Pfeife- Tanzen». Wenn diese Liebe darin besteht, den Kindern wie Sklaven zu dienen, dann wird sie gefährlich. Dann hindert sie das Kind daran, zu erfahren, dass man Liebe

Bindungskräfte der Erwachsenen ersticken im Kind das Bewusstsein der eigenen.

weder kaufen noch erzwingen kann. Die Verkehrung der Bedürfnislage konkretisiert sich in vielen Lebensbereichen.

Was eigentlich ein Bedürfnis des Kindes ist bzw. wäre, erlebt es als Bedürfnis der Erwachsenen.

Viele Kinder unserer Zeit meinen, dass Essen eine Leistung sei, die sie für die Eltern erbringen, ebenso das Schlafen und das Lernen. Sie kennen das vielleicht: «Einen Löffel für Mami, einen Löffel für Papi...». Wieso soll ein Kind in dieser Situation auf die Idee kommen, dass es froh sein soll, genug zu essen zu haben? Viele Kinder erleben es selten bis nie, dass sie frieren. Sie sind überzeugt, dass die Mütze nur der Mutter dient. Sie leidet ja, wenn das Kind sie nicht anzieht. Manche Kinder werden sogar von den Eltern genötigt, auf ein pneumatisches Schaukelpferd zu klettern, und ernten Beifall, wenn es ihnen Spass macht. Sie merken, dass die Eltern geradezu süchtig sind nach ihrer Freude. Wenn sie drohen, dass das hier alles langweilig sei, nur jenes spannend, erleben sie, dass die Eltern auf ihre Wünsche eingehen, offenbar einfach deshalb, weil sie es nicht ertragen können, wenn ihr Kind unzufrieden ist. Die Eltern übernehmen die Verantwortung für das Wohlbefinden ihres Kindes und fühlen sich schuldig, wenn ihr Kind sich langweilt. Sie fühlen sich verpflichtet, alles zu tun, damit ihr Kind sich wohl fühlt und ja nicht irgendwie leiden muss.

Alleinerziehende sind hier noch gefährdeter als andere Eltern. Viele haben unbewusst das Bedürfnis, ihren Kindern auch noch die Liebe des fehlenden Partners zukommen zu lassen. Sie fühlen sich dem Kind gegenüber schuldig; vielleicht auch wegen der vielen Schwierigkeiten, die sie ihm schon bereitet haben. Gleichzeitig fürchten sie, es könnte sich von ihnen abwenden und sich mehr am Ex-Partner oder an der Ex-Partnerin orientieren.

Spüren Sie, dass das auch eine Art Missbrauch ist? Die Eltern verhindern so die Entwicklung der natürlichen Fähigkeit der Kinder, sich durch ihr Verhalten das Wohlwollen ihrer Versorger zu erhalten.

Es ist sicher schön, wenn Eltern ihre Kinder auch dann lieben, wenn sie widerspenstig und frech sind. Mehr und mehr geben aber Eltern auch offen zu, dass ihnen das nicht leicht fällt. Öfter wohl, als wir alle denken, kommt es zwischen gebeutelten Eltern und verwöhnten Kindern zu Wutausbrüchen, die ausser Kontrolle geraten. Und nicht selten flüchten Eltern vor ihren Kindern in die Arbeit und in Freizeitaktivitäten. Lieber überlassen sie die Kinder professionellen Erzieherinnen oder zur Not auch weniger geeigneten Betreuerinnen und Betreuern, als dass sie die Spannung mit den Kindern und all die Niederlagen und Demütigungen aushalten wollen.

Eigentlich sind Kinder von Natur aus so ausgestattet, dass sie sich das Wohlwollen der Eltern erhalten wollen und auch können.

Sie haben einen angeborenen Charme, sie wissen, wie man sich die Zuneigung der anderen sichert. Babys beginnen z. B. zu lächeln, sobald sie ein Gesicht sehen, das der Mutter gleicht. Dieses natürliche Verhalten wird durch die oben beschriebenen Prozesse verlernt.

Kinder, die sich einem Überangebot von Zuwendung und Fürsorge ausgesetzt sehen, beginnen sich mit abweisendem Verhalten dagegen zu wehren.

Sie benehmen sich frech und ungezogen. Manche Mutter leidet darunter, dass ihr Kind zu anderen lieb und nett ist und nur ihr gegenüber widerborstig und grob, und sie wird sich nur noch intensiver um die Gunst des Kindes bemühen. So schliesst sich der Teufelskreis. Wir werden diesen Sachverhalt im Kapitel «Kooperation» noch aus einem anderen Blickwinkel betrachten.

Halten wir inne: Wir haben festgestellt, dass viele Kinder im Bewusstsein leben, dass die Eltern – meist die Mütter – von ihrer Gunst abhängig sind, sie spüren, dass sie Macht haben über die Eltern. Wenn diese dann plötzlich den Spiess umdrehen und Forderungen stellen und Befehle erteilen, ist die Versuchung gross, solche Forderungen mit Liebesentzug abzuwehren: die Kinder weinen, quengeln, schreien und toben – in der Gewissheit, dass die Eltern irgendwann nachgeben müssen. Und die Eltern geben vor allem deshalb nach, weil sie befürchten, die Kinder hätten sie nicht mehr lieb, aber auch, weil sie fürchten, dass sie Schaden nehmen könnten, wenn sie sich noch weiter ereifern. Oft auch noch deshalb, weil sie nicht in den Ruf kommen wollen, ihre Kinder nicht führen zu können. Sie kennen bestimmt die Situation im Supermarkt, wo ein Kind schreiend und tobend am Boden liegt. Wer wollte es einer Mutter verübeln, wenn sie hier nachgibt, um dem Spiessrutenlaufen unter der übrigen Kundschaft zu entkommen?

Die Frage ist berechtigt: Wie soll es da zu einem Join-up zwischen Eltern und Kindern kommen? Wie sollen Kinder in einer solchen Situation, wo sie ihre Eltern so überfordert sehen, sich ihnen vertrauensvoll anschliessen wollen? Und wie sollen Eltern ihren Kindern vertrauen, wenn sie sich wiederholt von ihnen verraten fühlen? Die Folge dieser Entwicklung ist die, dass Kinder mit zunehmendem Alter mehr Rechte beanspruchen, ohne dass die Eltern dem etwas entgegensetzen könnten. Die Eigenverantwortung der Kinder und Jugendlichen wächst nicht im gleichen Mass. Im Gegenteil, oft übernehmen Eltern für die Kinder Aufgaben, die diese früher selber bewältigen konnten. Reisten sie früher selbständig, wollen sie gefahren werden, halfen sie früher im Haushalt mit, so sind sie heute so beschäftigt, dass das unzumutbar wäre usw.

Rechte ohne Pflichten

Während in China Kinder als Arbeitskräfte ausgebeutet werden, erleben Kinder bei uns das Gegenteil: Sie lernen, dass es Rechte gibt ohne Pflichten.

Sie haben das Recht auf Taschengeld, aber keine Pflicht zur Mitarbeit. Sie haben das Recht auf saubere Kleider, aber keine Pflicht zur Sorgfalt. Das sieht man ja schon bei der Waschmittel-Werbung: Schmutzige Kleider sind kein Problem, ja geradezu erwünscht, denn jetzt kann die Mutter zeigen, dass sie das richtige Waschmittel und die richtige Waschmaschine hat, um bei ihren Kindern zu punkten.

Sie haben das Recht zu essen, was ihnen schmeckt, aber keine Veranlassung, dankbar zu sein. Die Eltern sind ja froh, wenn das Kind isst, und kommen in Panik, wenn die Dreizehnjährige am Abnehmen ist. (Oft sogar zu Recht!)

Sie haben das Recht, überall dabei zu sein, aber keine Pflicht, sich der Situation anzupassen. Welche Erwachsenen getrauen sich heute noch, Kindern im Zug zu signalisieren, dass sie durch den Lärm gestört sind? Die Machtverhältnisse dort scheinen klar zu sein. Wer nicht Kondukteur ist, wird schweigen oder dann auf leisen Sohlen, höflich bittend unter Herzklopfen anfragen, ob es vielleicht ein bisschen leiser ginge. Dabei sind oft gar nicht die Jugendlichen das Problem. Sie reagieren in aller Regel auf klare Botschaften mit Verständnis, solange sie nicht demütigend und vorwurfsvoll vorgetragen werden. Leider schweigen viele Erwachsene so lange, bis der innere Druck so gross ist, dass ihnen das nicht mehr gelingt. Und sie werden sich bestätigt fühlen, nachdem sie die Kinder angeschrieen haben: «Diese Flegel haben keinen Respekt mehr vor erwachsenen Leuten!» Die Leute, die zusehen, werden vielleicht dasselbe denken: «Ich bin froh, habe ich nichts gesagt.» Die Jugendlichen ihrerseits sind in ihrem Urteil auch bestätigt: «Die Erwachsenen nehmen uns nicht ernst, entweder gehen sie uns aus dem Weg oder sie sind aggressiv.»

Viele Kinder haben das Recht, sich überall zu beteiligen, alles zu versuchen, aber keine Pflicht, dann auch dran zu bleiben. Wie viele Mütter bringen grosse Opfer für ihre Kinder, damit diese den Ballettunterricht, die Musik- oder Tennisstunde oder das Fussballtraining besuchen können. Allzu oft wird die Übung bei den ersten Widerständen wieder abgebrochen. Eigentlich begann das ja viel früher, als Mami vielleicht einen Stuhl herbeischleppte, eine Karotte, einen Schäler, dazu noch eine Schüssel, weil das Kind beim Kochen mithelfen wollte. Das Kind wusste aber, dass es je nachdem nach ein paar Minuten oder auch nur Sekunden wieder das Weite suchen durfte und Mami alles wieder versorgte.

Spüren Sie, dass ein Kind es unter diesen Umständen sehr schwer hat, Verantwortung für sich zu übernehmen, zu lernen, die Konsequenzen seines Handelns abzuschätzen, weil es weiss, dass die Erwachsenen in aller Regel die Suppe auslöffeln, die es eingebrockt hat? Welches Ausmass das annehmen kann, zeigt die folgende Situation:

Unsere Tochter arbeitet in einem Montessori-Kindergarten und erlebt immer wieder Eltern, die über die Betreuerinnen herfallen, weil sich ihr Kind verletzt hat. Wenn ein Kind hinfällt, dann war nicht das Kind unachtsam und trägt jetzt die

Folgen, sondern die Mutter sorgt dafür, dass es sich als Opfer der Unzulänglichkeit der Betreuerin wahrnimmt. Man darf davon ausgehen, dass die Mutter sich zu Hause auch schuldig fühlt, wenn ihr Kind sich wehtut. Also auch hier: Die Kinder haben das Recht, ohne Schmerzen zu sein, ohne die Pflicht, auf sich selber aufzupassen.

Es ist mir wichtig, an dieser Stelle anzumerken, dass das alles wohl stark überzeichnet ist. Es geht ja Gott sei Dank nicht überall so zu und her.

Was ich hier geschildert habe, ist nicht etwa das, was ich bei Ihnen zu Hause vermute. Es ist vielmehr so, dass es sich hier um einen gesamtgesellschaftlichen Trend handelt, dessen Auswirkungen wir erst erahnen. Vielleicht spüren Sie diese Auswirkungen intensiver als andere und haben diesen Text noch nicht weggelegt. Vielleicht erleben Sie wirklich das, was in der Fachsprache Hierarchie-Umkehr genannt wird. Es mag Sie trösten, dass das in vielen Familien so ist. Wenn wir auf die Tierwelt sehen, wäre eine ähnliche Situation völlig undenkbar: Stellen Sie sich vor, wie die Ente nervös hinter den Entlein herschwimmt, um sie wieder einzusammeln. Wie sie bettelt um die Gunst, sie an die richtigen Futterplätze bringen zu «dürfen». Stellen Sie sich den jungen Löwen vor, der auf die Idee kommt, er müsse sich vor dem Papa über die Gazelle hermachen. Genau deshalb, weil das so absurd ist, gibt es auch für uns Menschen Hoffnung.

Es ist möglich aus all dem auszusteigen. Es liegt in der Natur der Sache und ist letztlich im Interesse aller Beteiligten.

4.3. Wie kann man Kinder von der Hierarchie-Umkehr zum Join-up führen?

Der erste Schritt dazu braucht einiges an Entschlossenheit:

Werden Sie vorerst einmal unabhängig von der Zuwendung und dem Wohlwollen Ihrer Kinder.

Die besten Voraussetzungen, sich aus dieser Abhängigkeit zu lösen oder gar nicht erst hineinzugeraten, haben Eltern, die in einer zärtlichen Liebesbeziehung zueinander leben. Sie haben die grösste Chance, dem Kind den Raum zu lassen, seine eigenen Bindungskräfte zu spüren und zu entwickeln, zu lernen, um Vergebung zu bitten, anstatt nach der Korrektur so lange zu schmollen, bis sich die Eltern entschuldigen, dass sie nicht nachsichtiger waren. Solche Eltern halten es aus, wenn ein Kind nicht sofort einlenken kann oder will. Sie können sich gegenseitig unterstützen und einander das Gefühl vermitteln, geliebt und angenommen zu sein. Alleinerziehende haben es da schwieriger. Pflegen Sie als Allenerziehende oder als Alleinerziehender deshalb verbindliche Freundschaften. Auch und gerade dann, wenn Sie meinen, dass Sie wegen der Kinder dazu keine Zeit hätten.

Vertrauen Sie auf die Bindungskräfte Ihrer Kinder.

Geben Sie ihnen die Chance, ihre Bindungskräfte wahrzunehmen, und decken Sie sie nicht mit Ihren eigenen zu. Halten Sie einen Konflikt aus, und Sie werden erleben, wie diese gewaltigen Kräfte in Ihren Kindern wach werden.

Trauen Sie Ihren Kindern etwas zu!

Geben Sie Ihren Kindern die Gelegenheit, sich als wertvolle Glieder der Familiengemeinschaft wahrzunehmen, die nach Kräften einen Beitrag leisten – auch dann, wenn sie vielleicht keine Lust dazu haben.

Hören Sie auf, Ihren Kindern wie Sklaven zu dienen.

Ob Sie Ihren Kindern dienen oder einfach etwas zuliebe tun, merken Sie daran, wie das Kind reagiert, wenn Sie es einmal nicht tun. Wenn es Ihre Dienstleistung lautstark einfordert, dann ist der Moment gekommen – nicht dem Kind Vorwürfe zu machen – sondern zunächst noch ein bisschen weiter zu lesen. Die Join-up-Intervention wird für Sie eine Entdeckung sein. Aber es sei jetzt schon vorweggenommen: Lassen Sie keines der Elemente weg und denken Sie daran: Ein Kind zu einem Join-up zu führen ist nicht schwierig. Damit es aber dort bleibt, braucht es bei den Erwachsenen in der Regel ein fundamentales Umdenken, denn...

... die meisten Rezepte und Techniken, die Eltern kennen, taugen nicht für Kinder, die im Join-up sind. Im Gegenteil, sie zerstören die Join-up-Beziehung.

Achten Sie deshalb bei den folgenden Beispielen dort, wo es heisst «sondern so...», darauf, mit welchem Ton hier die Eltern die Kinder beeinflussen bzw. wie der Kommunikationsstil ist.

Beispiel 1: Unabhängig werden von der Gunst der Kinder

Vergleichen Sie die folgenden beiden Situationen:

Anna, eine allein erziehende Mutter von zwei Kindern, kommt von der Arbeit nach Hause, die Kinder sind schon zurück von der Schule. Das Mittagessen wartet im Backofen.

Statt so... :
Sie kommt auf die Kinder zu und sucht einen liebevollen Gruss. Die Kinder signalisieren, dass sie eigentlich jetzt Hunger haben. Sie drückt sie dennoch an sich und fühlt sich zurückgewiesen, weil sich die Kinder aus ihren Armen winden. Vielleicht gibt es Vorwürfe wegen der Verzögerung. Sofort macht sich Mami ans Werk und hofft sehnlich, dass sie für das Essen gelobt wird. «Möchtet ihr nicht so lieb sein und tischen? Mami hätte grosse Freude.» Wenn die Kinder «nicht so lieb» sein wollen, wird es Mami verletzen. «Warum tun sie mir das nicht zuliebe?» wird sie sich fragen. «Was mache ich falsch? Die Kinder meiner Freundin sind doch so hilfsbereit.» Anna bemüht sich bei der Menuwahl, die Kinder ja zufriedenzustellen. Wenn es einem Kind nicht schmeckt, leidet sie. Sie leidet auch darunter, wenn ein Kind erst kommt, wenn das andere fertig und schon wieder auf dem Weg zum PC ist, aber sie weiss nicht, wie sie darauf Einfluss nehmen könnte, ohne dass ein riesiger Streit entstünde.
...lieber so:
Sie kommt herein, grüsst mit einem lauten «Hallo, ich bin ein bisschen verspätet. Tut mir leid.»

Die Kinder kommen auf ihren Ruf hin auf sie zu und wollen geherzt sein, weil sie Mamas Zärtlichkeit als kostbar erleben und nicht als aufdringlich und weil sie spüren, dass Mamas Zärtlichkeit ein Ausdruck ihrer Liebe zu ihnen ist und nicht ein Ausdruck ihrer eigenen Bedürftigkeit nach Liebe und Wertschätzung. Und vielleicht geht es dann so weiter:

«Wir haben Hunger.»

«Ich auch! Wenn wir alle einander helfen, werden wir's schaffen, bevor jemand verhungert.

«Okay. Ich tische.»

«Und wer holt etwas zu trinken im Keller?»

Diese Kinder fühlen sich nicht als Nabel der Welt, aber sicher wohler als jene Kinder im obigen Abschnitt. Auch und vor allem deshalb, weil sich ihre Mutter in ihrer Gemeinschaft wohl fühlt.

Beispiel 2: Auf die Bindungskräfte der Kinder ist Verlass!

(Bericht einer Kursteilnehmerin)
Silvia kommt von einem Kurs nach Hause. Sie freut sich darauf, die Familie wiederzusehen. Sie fährt mit dem Auto beim Spielplatz vorbei, wo ihr Dreizehnjähriger gerade mit ein paar Freunden Fussball spielt. Sie hält an und ruft ihrem Jungen zu. Der schaut sie an, winkt kurz und spielt dann weiter.

Jetzt kommt es drauf an:

Statt so... :

Sie steigt aus, ruft ihren Sohn zu sich und zeigt ihm das Geschenk, das sie mitgebracht hat. Gleichzeitig fühlt sie, dass es dem Jungen peinlich ist. Sie ist verletzt und denkt: «Er schämt sich, mich anständig zu grüssen. Offensichtlich hat er mich gar nicht vermisst!»

...lieber so:

Sie ruft ihm zu: «Ich wasche noch schnell das Auto.» In der nahen Waschanlage taucht dann schnell ihr Sohn auf und herzt seine Mutter und gibt seiner Freude Ausdruck, dass sie wieder da ist. Es wird sichtbar: Nicht die Mutter braucht ihren Sohn, sondern umgekehrt.

Hier wäre das erreicht, was die folgende Grafik zeigt:

Die Bindungskräfte des Kindes entfalten sich, wenn sich die Eltern zurücknehmen.

Beispiel 3: Den Kindern etwas zutrauen

Statt so...:

Yvonne beklagt sich über ihre Tochter: «Da schleppe ich mich mit Fieber in die Küche, koche für alle und verausgabe mich so, dass ich selber gar nicht mitessen kann. Und dann sage ich zu meiner Tochter: ‹Trag noch bitte den Kübel nach unten!›, und was passiert? ‹Wieso immer ich?› Kein Zeichen der Dankbarkeit, nur Widerstand. Ich komme mir richtig ausgenützt vor!»

...lieber so:

Yvonne sagt zu ihrer Tochter: «Ich habe Fieber und möchte mich gern etwas hinlegen. Könntest du heute für mich das Nachtessen zubereiten? Denkst du, dass du das schaffst?»

Das Mädchen fühlt sich ernst genommen und wird viel lieber alles machen als nur gerade den Kübel wegtragen.

Diese drei Elemente bilden die Voraussetzung dafür, dass ein Kind mit seinen Eltern im Join-up leben kann, so wie es das tief im Innern eigentlich möchte.

Nicht immer wird es aber so leicht sein, das Kind dafür zu gewinnen. Je mehr alte Verhaltensweisen eingeschliffen sind (nicht nur beim Kind!), desto mehr Widerstand wird es geben. Eine Hierarchieumkehr lässt sich immer überwinden, aber selten ohne Widerstand. Damit es statt zum Machtkampf zum Join-up kommt, empfehlen wir eine ganz bestimmte Vorgehensweise, die sich unzählige Male bewährt hat, solange die Eltern sie erstens phantasievoll der Situation anpassten und wenn sie zweitens keines der Elemente ausliessen:

4.4. Die Join-up-Intervention

Sie ist ein wertvolles Werkzeug, wenn sie richtig angewendet wird, nämlich im Willen, zu einer vertrauensvollen Beziehung mit dem Kind zu kommen. Und vor allem denken Sie daran, dass es wenig Sinn macht, ein Kind zu einem Join-up zu führen, wenn Sie nicht entschlossen sind, alles zu tun, dass es dort auch bleiben kann und will.
Diese Schritte also werden Ihr Kind zum Join-up führen. Lesen Sie weiter unten vielleicht zuerst die Erfahrungsberichte, wenn Sie Zweifel haben. Zweifel wären das Letzte, was Sie jetzt brauchen können.

Bevor Sie starten, wählen Sie sorgfältig das Thema aus. Wählen Sie ein Verhalten, das immer wieder auftritt und von dem Sie denken, dass das Kind im Grunde darüber gleich denkt wie Sie. Kein Kind wird ernsthaft der Ansicht sein, dass ein Fahrrad draussen im Regen stehen sollte. Sehr oft tun auch Kinder Dinge deshalb nicht, weil die Eltern darauf schon oft auf aggressive Weise herumgeritten sind. Es entsteht eine Art Trotzhaltung. Ich nenne es lieber Gegenwillen. Wir alle kennen das: Niemand lässt sich gerne herumkommandieren von Menschen, die man als Gegner wahrnimmt. Und in diese Rolle kommen Eltern und Lehrkräfte regelmässig. Sie müssen dann viel Druck ausüben, um diesem Gegenwillen entgegenzuwirken. Sobald es gelingt, das Thema so anzugehen, dass das Kind Sie auf seiner Seite wahrnimmt, ist der erste Schritt getan. Dennoch verabschieden sich solche vom Gegenwillen aufgeladene Gewohnheiten in der Regel nicht kampflos. Deshalb braucht es einen gewissen Druck, den aber soll das Kind sich selber machen – gecoacht durch Sie. Wenn ich im nächsten Abschnitt von «Konflikt» spreche, dann meine ich nicht «Streit», nein, sondern einfach die Tatsache, dass Sie mit Ihrem Kind uneins sind. Auch wenn Ihr Kind gegnerisch oder gar feindlich reagiert, bleiben Sie auf seiner Seite und klagen Sie es nicht an. Wie also können Sie vorgehen?

1. Sorgen Sie dafür, dass Sie einen Konflikt mit Ihrem Kind oder Ihrem Jugendlichen aushalten.

Das geschieht am besten, indem Sie Beziehungen zu Erwachsenen pflegen, idealerweise zum anderen Elternteil. Wenn Sie allein erziehend sind, nehmen Sie sich bewusst Zeit für Kontakte zu Freunden, auch und gerade dann, wenn Sie das Gefühl haben, dass Ihnen die Kinder keine Zeit dafür lassen.

2. Lassen Sie Ihr Kind spüren, dass Sie es zwar gern haben, dass Sie aber sein Verhalten nicht tolerieren und eine Veränderung wollen. Kämpfen Sie nicht, schimpfen Sie nicht, drohen Sie nicht, sondern sagen Sie einfach: «Wir müssen miteinander reden.» Sie bestimmen den Zeitpunkt, den Ort, und Sie bestimmen den Ton, in dem das geschieht.

«Schimpfen Sie nicht!» Warum ist das so wichtig? Wenn es Ihnen geht wie vielen Eltern, dann gehört für Sie Schimpfen zum Erziehungsalltag. Es ist jene druckvolle, anklagende Art, ein Kind auf ein Fehlverhalten aufmerksam zu machen. Für die Join-up-Intervention ist sie nicht nur nicht hilfreich, sondern schädlich. In späteren Kapiteln werden Sie mehr darüber erfahren. Hier fordere ich Sie heraus, gleichsam im Join-up mit mir, darauf zu vertrauen, dass Sie die Wirkung Ihrer Intervention aufs Spiel setzen, wenn Sie mit Schimpfen anfangen. Noch wichtiger aber als das ist der Stil, in dem das Gespräch mit Ihrem Kind stattfindet. Wählen Sie deshalb unbedingt einen guten Zeitpunkt – eine Friedenszeit – um das Gespräch abzumachen oder je nachdem auch gleich durchzuführen.

Wer den Stil eines Gespräches bestimmt, ist hierarchisch übergeordnet.
Wer den Anfang und das Ende eines Gespräches bestimmen kann, ist hierarchisch übergeordnet.

Wenn Sie das Ziel haben, Ihr Kind ins Join-up zu führen, dann sollten Sie auf keinen Fall versuchen, Ihr Kind zu beeinflussen, Abmachungen zu treffen usw., solange die Hierarchie nicht so ist, wie sie sein sollte. Deshalb der nächste Punkt:

3. Wenn Ihr Kind bei diesem Gespräch aggressiv reagiert, übernehmen Sie nicht seinen Ton, sondern brechen Sie das Gespräch ab und setzen Sie es auf einen anderen Termin fest. Wachen Sie über dem Thema und vermeiden Sie es, eine zweite Front zu eröffnen. «Solange das nicht geklärt ist, möchte ich nicht, dass...». Jetzt geht es darum, dass Sie auf die Bindungskräfte Ihres Kindes vertrauen. Halten Sie es aus, dass Sie im Moment keine Streicheleinheiten ernten. Es lohnt sich.

Wenn Sie in einer Friedenszeit starten und selber signalisieren, dass Sie sich als mitverantwortlich fühlen für die üble Situation, wird ein Kind in der Regel kooperativ reagieren. Aber je verhärteter Ihr Kind und die Beziehung zu ihm ist, desto eher kann es auch recht lange dauern, bis ein Kind für ein solches Gespräch bereit ist, bei dem es allein schon dadurch, dass es Ort, Zeit und Tonfall akzeptiert hat, Ihre Autorität anerkennt. Erfahrungsgemäss wird es aber nicht länger als ein paar Tage dauern. Vermeiden Sie in der Zwischenzeit alles, was es dem Kind erschwert sich unterzuordnen. Rechnen Sie damit, dass Ihr Kind einen Streit vom Zaun brechen möchte, der wieder die gewohnten Regeln hat, Regeln, die ihm vertraut sind und in denen es sich stark fühlt. Lassen Sie sich nicht darauf ein, ignorieren Sie wenn immer möglich alle Provokationen. Eröffnen Sie auch keine zweite Front, sondern vermeiden Sie jede Kommunikation, die über das Notwendige hinausgeht. Pflegen Sie eine zwar bestimmte, aber freundliche Sprache. Konzentrieren Sie sich auf das Gespräch, das Sie angesetzt haben. Und wenn das Kind nicht mitmacht? Glauben Sie mir, es wird! Vertrauen Sie auf seine Bindungskräfte. Sie sind gewaltig gross, auch wenn Sie im Moment davon nichts merken. Wenn Sie selber leiden, vertrauen Sie darauf, dass Ihr Kind auch leidet, auch wenn es das nicht zeigen will.

Sein Bedürfnis nach Ihrer Nähe ist sogar noch grösser als umgekehrt. Dieses Leiden aber – im Unterschied zu langen Machtkämpfen – hat einen Sinn. Es wird Sie und Ihr Kind ins Join-up führen, wenn auch zunächst nur für ein paar Stunden oder Tage.

4. Sobald das Kind zur Kooperation bereit ist, zeigen Sie sich von der grosszügigen Seite. Geben Sie seinem Bedürfnis nach Selbstbestimmung Raum, so weit Sie es verantworten können. Vertrauen Sie ihm, dass es selbst Verantwortung übernimmt, aber sorgen Sie dafür, dass es Sie als vorgesetzt anerkennt.

Viel wichtiger als das Resultat des Gesprächs ist es, dass es stattgefunden hat, und zwar unter Bedingungen, die Sie bestimmt haben und das Kind akzeptiert hat. Übernehmen Sie wenn möglich einen Vorschlag Ihres Kindes, auch wenn es Ihnen schwerfällt. Viel wichtiger ist es, dass Sie beide neu eine gemeinsame Grundlage haben weiterzugehen. Vermeiden Sie es, dass dieses Gespräch für Ihr Kind demütigend oder sonst wie negativ verläuft. Auch Ihr Kind soll spüren, dass es sich lohnt, anders miteinander umzugehen. In einem Join-up-Gespräch gibt es nur Gewinner, keine Verlierer.

Am Anfang kann es hilfreich sein, Abmachungen, die Sie an solchen Gesprächen treffen, aufzuschreiben und unterschreiben zu lassen. Solche Verträge sind der Ausdruck davon, dass das Vertrauen noch nicht gefestigt ist. Später, wenn das Kind im Join-up ist und bleibt, sind solche schriftlichen Verträge höchstens noch so brauchbar: «Meinst du, dass wir das noch aufschreiben sollten?»

Weil der Erfolg der ersten Intervention so wichtig ist, möchte ich Sie einladen, sie sorgfältig zu planen. An unseren Kursen skizzieren die Teilnehmerinnen und Teilnehmer ihre Intervention nach folgendem Muster.

1. Wie ist die Situation bis jetzt?

Fast jeden Tag, wenn ich nach Hause komme, hängt Annas Jacke über dem Treppengeländer, um in den nächsten Minuten dann zu Boden zu fallen. Meistens hänge ich die Jacke dann an die Garderobe. Wenn ich Anna darauf anspreche, sagt sie nur, ich könne sie ja aufhängen, wenn es mich störe.

2. Wie reagiere ich auf die Situation?

Diese Haltung nervt mich dermassen, dass ich gar nichts mehr sage und die Jacke einfach aufhänge. Aber es demütigt mich jedes Mal.

3. Was möchte ich erreichen?

Ich möchte einerseits, dass Anna ihre Jacke selber aufhängt. Wichtiger aber ist es mir, dass sie nicht mehr so saufrech reagiert, wenn ich etwas sage.

Diese Intervention hat der Teilnehmer damals auf Anhieb erfolgreich durchgeführt. Das Gespräch, zum ersten Mal seit langem ernsthaft und in gutem Tonfall, verlief so, dass

Anna sich ganz schnell kooperativ zeigte. Die Abmachung sah so aus:

1. Ich hänge die Jacke in Zukunft selber auf.
2. Wenn ich es doch einmal vergesse, legt Papi die Jacke auf meinen Stuhl beim Esstisch. Ich versorge sie dann ohne Widerrede.
3. Papi darf keine Vorwürfe machen und auch nicht böse schauen.

Der Punkt 3 lässt erahnen, dass es bei diesem Gespräch noch um andere Dinge ging. Als ich den Teilnehmer ein paar Monate später darauf ansprach, wie es denn jetzt gehe mit der Jacke, musste er zuerst lange nachdenken, bevor er sagte: «Ah, das mit der Jacke? Ich glaube, es kam nur einmal vor, dass ich sie auf den Stuhl legen musste. Das ist schon lange kein Thema mehr.»

Wenn Sie ein paar Mal erfolgreich solche Join-up-Interventionen durchgeführt haben, wird das Kind Sie als stark wahrnehmen. Eine Anerkennung aus Ihrem Mund wird Gewicht haben. Ein kritische Frage auch. Das Kind wird stolz sein auf eine starke Mutter, auf einen starken Vater. Es wird Vertrauen fassen in seine eigenen Kräfte. Es wird Ihre Werte ernst nehmen und sie nicht leichtfertig ablehnen.

Sehen Sie, wie sehr dieser Prozess dem Join-up mit dem Pferd gleicht? Auch dort vertraut der Mensch auf die Bindungskräfte des Pferdes. Jedes soziale Wesen ist von Natur aus darauf angelegt, entweder zu führen oder sich einer Führungskraft anzuschliessen. Auch im Join-up mit dem Pferd ist Geduld das A und O. Wer nicht warten kann, wird schnell wieder auf Druck und Gewalt zurückgreifen und die Unterordnung mit

Macht erzwingen wollen. Das Join-up ist verpasst. Wenn man aber – auf dem Reitplatz und in der Familie – geduldig und beharrlich warten kann, dann wird es zum Join-up kommen. Dann aber geht es im Umgang mit dem Pferd und noch viel mehr im Umgang mit dem Kind darum, dass man das Vertrauen nicht missbraucht, sondern sich als würdiger Leiter[4] zeigt, dem das Wohl des Schützlings wichtiger ist als sein eigenes.

Ich wiederhole es hier bewusst, auch wenn es Ihnen schwerfallen mag, das zu glauben:

> **Ein Kind ins Join-up zu führen, ist vergleichsweise einfach. Damit es dort bleibt, braucht es einen andern Umgang als den, der üblich ist mit Kindern, die sich der elterlichen Führung entziehen, wenn sie können.**

Sollten Sie versucht sein, eine Intervention durchzuführen, bevor Sie das ganze Buch gelesen haben, könnte ich Sie gut verstehen. Mir ginge es wohl nicht anders. Nur müssen Sie mir dann versprechen, erstens keinen Punkt auszulassen und zweitens das Buch nachher zügig fertig zu lesen, denn es wäre sehr traurig, ein Kind ins Join-up zu führen, um es kurze Zeit später daraus unbedacht wieder zu vertreiben.

Weil Eltern sich eigentlich erst dann bewusst mit «Erziehung» befassen, wenn die Kinder eben **nicht** im Join-up sind,

---

4 Hier habe ich versucht zu schreiben: … sondern sich als würdiger Leiter bzw. als würdige Leiterin zeigt, dem bzw. der das Wohl des Schützlings wichtiger ist als sein bzw. ihr eigenes. Ich bitte Sie, angesichts dieser Satzmonster, mir einen toleranten Umgang mit dieser Problematik zu gestatten. Die Frage, ob ein Mädchen auch ein Schützling sein könne, müsste vielleicht auch noch gestellt werden. Entnehmen Sie meine Wertschätzung für das weibliche Geschlecht bitte dieser ausdrücklichen Versicherung und dem Kontext. Dort, wo es nicht stört, werde ich versuchen, beide Geschlechter zu erwähnen oder abzuwechseln.

sind Erziehungsbücher voll von Tipps für diese Situationen. Wie aber geht man mit einem Kind um, das im Join-up ist und dort bleiben soll?

Nun, bevor ich diese Frage zu beantworten suche, wende ich mich an jene Eltern, die ihre Kinder «im Griff» haben und die mit dem obigen Kapitel recht wenig anzufangen wussten. Vielleicht fühlten Sie sich von den Beispielen eher an Bekannte erinnert als an Ihre eigene Situation. Und Sie fragen sich wohl zu Recht: Sind denn meine Kinder im Join-up? Das ist auch dann nicht sicher, wenn Ihre Kinder im Normalfall tun, was Sie sagen. Denken Sie daran, wie normal es für uns alle geworden ist, ja fast zu einem Ritual, dass es für alles zumindest ein bisschen Druck braucht, dass wir selbstverständliche Dinge immer wieder einfordern müssen. «Vergiss nicht, die Zähne zu putzen.» «Versorge noch deine Schulsachen.» Hand aufs Herz, wem fällt das auf? Unsere Tochter betreute als Zwölfjährige gerne Kinder. In dieser Rolle setzte sie erfolgreich und druckvoll unter ihren Zöglingen durch, was sie in unserer Familie auch nur unter Druck tat: Hände waschen vor dem Essen, nicht vom Tisch weglaufen, die Sachen wegräumen usw. Als wäre es ein Naturgesetz, dass Kinder immer ein bisschen angeschoben werden müssen, das Richtige zu tun.

Ein Kind im Join-up braucht keine dauernden Ermahnungen und Korrekturen. Ja, sie sind sogar kontraproduktiv.

Wie aber kommen wir dahin, dass ein Kind ins Join-up kommt und vor allem in dieser Beziehung bleibt? Zuerst einmal geht es um eine Veränderung des Menschenbildes bzw. des Kinderbildes. Viele Eltern haben wenig Vertrauen in ihre Kinder und leben dauernd in der Angst, dass ihre Kinder ihre Pflicht versäumen, sich gehen lassen, Konflikte nicht selber lösen können, Versuchungen nicht widerstehen können – kurz, dass sie nur dank des enormen elterlichen Einsatzes über die Runden kommen. So werden sie denn nicht müde, sich Sorgen zu machen, die Kinder zu ermahnen, sie unter Druck zu setzen, ja, sie sogar unter Verschluss zu halten. Manchmal endet diese elterliche Einflussnahme erst kurz bevor ihre Kinder selber Eltern werden und das Spiel von vorne beginnt, nur in andern Rollen.

Das folgende Kapitel, das in den wesentlichen Teilen aus der Forschung von Jesper Juul[5] stammt, soll uns die Augen öffnen für die Tatsache, dass Kinder meist auch dann «gehorsam» sind, wenn sie nicht das machen, was wir erwarten. Das soll ein erster Baustein sein beim Formen eines veränderten Kinderbildes.

5 Jesper Juul: Das kompetente Kind. Reinbek: Rowohlt, 4. Auflage 2001

5. Kooperation ist angeboren

Wir haben im letzten Kapitel die Bindungskräfte angesprochen, die in Eltern und Kindern angelegt sind. Wir haben gesehen, wie gefährlich es ist, wenn Kinder ihre Bindungskräfte nicht mehr spüren, weil jene der Eltern übermächtig sind. Wir haben davon gesprochen, wie es möglich ist, dass es zu einer Hierarchieumkehr kommt, aber auch Wege aufgezeigt, wie die Hierarchieumkehr überwunden werden kann. Das ist darum relativ leicht möglich, weil die Kinder sich letztlich nach starken Eltern sehnen.

Für all jene, denen der Mut fehlt, diese Wiederherstellung der natürlichen Hierarchie zu wagen, möchte ich Folgendes zu bedenken geben:

Es ist viel leichter, etwas zu «lernen», was eigentlich schon in uns angelegt ist, als ein Verhalten, das unserer natürlichen Veranlagung widerspricht.

Ein Beispiel: Sie haben vielleicht schon versucht, einem Hund das Kommando «Pfötchen» beizubringen, und waren überrascht, wie schnell das ging. Wenn Sie jedoch versuchen, dem gleichen Hund beizubringen, Ihnen das Hinterbein entgegenzustrecken, werden Sie sich die Zähne ausbeissen. Warum ist das so? Es liegt im angeborenen Verhaltensrepertoire eines Hundes, das vordere Pfötchen zur Begrüssung zu brauchen, nicht aber das hintere. Genauso verhält es sich mit der Hierarchie in der Familie: Es ist eigentlich allen Beteiligten instinktiv bewusst, dass es okay ist, wenn Kinder ihren Eltern gehorchen, und dass etwas nicht stimmt, wenn es umgekehrt ist.

ohne Worte

Wir haben gehört, dass es darum geht, mit Kindern, die im Join-up mit ihren Eltern sind, anders umzugehen. In diesem Kapitel werden wir uns mit einem grossen Problemfeld beschäftigen, nämlich mit jenem Feld, wo Kinder widersprüchliche Signale erhalten, wo Taten, Gedanken und Worte nicht zusammenpassen, und all das, ohne dass da bewusst gelogen würde. Es geht um die angeborene soziale Kompetenz eines Kindes, mit der wir oft zu wenig rechnen.

Kinder müssen ganz viele Verhaltensweisen nicht erst erlernen. Sie fangen schon am ersten Tag an, mit ihrer Mutter zu kooperieren. Sie geben unmissverständliche Signale von sich und interpretieren das Verhalten der Mutter richtig. Und sie begeben sich als Kleinkinder ganz automatisch ins Join-up mit ihren Eltern. So wenig wie ein Pferd muss ein Kind es lernen, mit den Eltern zusammenzuwirken, zu «kooperieren», wie Jesper Juul, dessen Begriff ich hier verwende, sich ausdrückt. Er braucht den Begriff allerdings ein bisschen anders, als wir es uns gewohnt sind: Im normalen Sprachgebrauch versteht man unter «Kooperation» Zusammenarbeit. Man zieht am gleichen Strick und erst noch in die gleiche Richtung. Jesper Juul unterscheidet zwei Arten der Kooperation. Beide sind sie sozialen Wesen, und demnach auch dem Menschen, angeboren. Die eine Form kennen wir alle: Kinder imitieren die Eltern; die andere ist uns weniger bewusst: Kinder passen sich Eltern spiegelbildlich an. Wenn Mama alles macht, wird das Kind wenig machen. Wenn der Vater alles vorschreibt, wird das Kind sich darauf beschränken zu tun, was man ihm sagt, und kaum Verantwortung übernehmen. Betrachten wir die beiden Verhaltensmuster im Einzelnen:

5.1. Kooperation durch Imitation

Das Kind macht dasselbe wie die Eltern, oft ohne zu verstehen, worum es genau geht. Es ist einfach überzeugt, dass all das, was die Eltern tun, richtig und hilfreich ist. Im Normalfall funktioniert Imitation unbewusst, und oft weiss man gar nicht, ob ein Kind wie die Mutter schaut, weil das in den Genen begründet ist oder weil es die Mutter imitiert. Ein wesentlicher Teil des Lernens am Anfang des Lebens geschieht durch solche Imitation. Leider vertrauen Eltern zu wenig darauf und sagen den Kindern, dass sie «danke» sagen sollen. Ich bin überzeugt, dass die Kinder das automatisch tun würden, so gut wie das Wort «Gesundheit» und all die andern Floskeln, die sie einfach so «en passant» lernen. Das «Danke» ist vielleicht gerade wegen dieser nachdrücklichen Vermittlung derart entwertet, dass man es «tausendmal» oder zumindest «vielmal» tun muss, wenn es noch eine Bedeutung haben soll. Und falls ein Kind es wirklich nicht lernt, halte ich den täglichen Kampf um das Wörtchen für wenig hilfreich. Ich habe letzthin zu meinem Enkel gesagt: «Ich möchte dir keine Mandarine geben. Du hast für die letzte nicht gedankt. Ist das okay?» Seine Reaktion führte zu einem Gespräch, das wir mit der Abmachung schlossen, dass er wie die andern eine Mandarine bekommt und er im Gegenzug sich immer bedanken wolle. Damit war er der gesellschaftlichen Anpassung ein bisschen näher, und vielleicht auch einen kleinen Schritt auf dem Weg zu wirklicher Dankbarkeit. Zurück zum Thema!

Das Sprichwort «Wie die Alten sungen, so zwitschern auch die Jungen» entspricht unser aller Erfahrung: Kinder imitieren nicht nur das Verhalten der Eltern, sondern sie übernehmen auch deren Meinungen und Haltungen, ohne dass es dazu viele Überredungskünste bräuchte. Die Kooperation durch Imitation ist bei diesem Prozess ungleich wirksamer als unsere aktive Erziehung. Es sind angeborene Verhaltensmuster, auf die wir Menschen kaum Einfluss haben. Ein Beispiel: Eltern bemühen sich intensiv, die Kinder zur Wahrhaftigkeit zu erziehen. Sie bestrafen das Kind, wenn es lügt, und appellieren an sein Gewissen. Das Kind beobachtet anderseits, dass Papa der Mutter oder gar dem Kind, das eben das Telefon abgenommen hat, per Handzeichen zu verstehen gibt: «Ich bin nicht da!» Was soll ein Kind davon halten? Wird es denken: «Aha, mein Papa ist unehrlich. Er sagt das eine und tut das andere.»? Nein. Es ist ja erst dabei zu lernen, was denn das genau bedeutet, «ehrlich sein» oder «lügen» oder «Notlüge». Es wird in dieser Situation seinen Begriff von Ehrlichkeit revidieren, denn das Vorbild wirkt auf jeden Fall nachhaltiger als die Belehrungen der Eltern. Das Kind wird vielleicht innerlich augenzwinkernd bemerken: Okay, ich verstehe, das mit der Wahrheit darf man nicht so eng sehen.

Die Eltern, die dem Kind ins Gewissen reden, weil es in ihrer Abwesenheit das Erwachsenenvideo doch eingelegt hat, trotz ihres strikten Verbotes, haben wahrscheinlich jene Situation vergessen, an der sich das Kind zu Recht orientiert: Der Papa bremst ja auch beim Blechpolizisten und gibt nachher wieder Gas. Die Regel heisst demnach: Man darf alles, aber man darf sich nicht erwischen lassen. Es wird die Strafpredigt der Eltern wohl auch augenzwinkernd und tapfer über sich ergehen lassen. Es meint zu wissen, was die Eltern sagen wollen: «Wieso liessest du dich erwischen?» Je mehr die Eltern die Erwartung formulieren, dass ihre Weisungen auch in ihrer Abwesenheit gelten, desto mehr werden sie sich in den Augen der Kinder unglaubwürdig machen, solange sie selber das nicht vorleben. Vielleicht beobachten sie, dass die Eltern sich zwar schämen, wenn sie bei einer (Verkehrs-)Sünde ertappt werden, ansonsten aber oft mit Hilfe einer Ausrede oder durch sogenannte Notlügen Schwierigkeiten aus dem Weg gehen. Das Kind kooperiert deshalb so: Ich erkenne, dass man sich beim Übertreten von Vorschriften nicht erwischen lassen sollte, schon gar nicht beim Lügen. Wenn man erwischt wird, ärgert man sich über sich selbst (oder man reagiert aggressiv auf den, der einen überführt hat...). Wir müssen nicht lange fragen, welche Botschaft die nachhaltigere ist, jene, die das Kind hört, oder jene, die das Kind vorgelebt bekommt.

Interessant ist, dass die Kinder nicht nur damit kooperieren, was sie sehen, sondern auch damit, was sie fühlen. Ein Beispiel aus Jesper Juuls Buch «Das kompetente Kind»: Vielfach kann man beobachten, dass Kinder schreien, wenn Mütter sie in die Kinderkrippe bringen, während sie sich problemlos von den Vätern lösen können. Der Grund ist nicht etwa der, dass sie weniger am Vater hängen als an der Mutter, sondern, dass die Kinder bei der Mutter wahrnehmen, dass sie schlechte Gefühle hat, wenn sie ihr Kind abgibt, während es für den Vater okay ist. Das Kind übernimmt diese Stimmung. Und jetzt stelle man sich vor, die Mutter sagt zum Kind: «Jetzt hör doch auf mit diesem Theater. Jeden Tag ist es dasselbe!» Solche Szenen sind für ein Kind sehr schwierig. Es bekommt eigentlich zwei Botschaften, zwei Aufträge gleichzeitig, die sich widersprechen. Auf der intuitiven Ebene vernimmt es von Mami: «Ich finde es schlimm, dass du hier sein musst und nicht bei Mami! Nicht wahr, du möchtest doch auch lieber bei Mami sein!» Im Widerspruch dazu hört es auf der verbalen Ebene: «Schrei doch nicht immer, es ist doch schön hier...». Was soll es tun? Oft schreit es dann erst recht, weil es unter dieser Verwirrung leidet.

Etwas Ähnliches erzählte mir ein Freund aus seinem Erleben: «Unsere älteste Enkelin benahm sich in Gegenwart ihrer Mutter immer sehr distanziert mir gegenüber. Sie musste immer aufgefordert werden, mich zu grüssen und ‹doch nicht so blöd zu tun.› Sobald meine Tochter gegangen war, war sie ein herzliches Mädchen, das auf meinen Knien herumturnte und sich in meiner Nähe sichtlich wohl fühlte. Ich sprach mit meiner Tochter über die Situation, und wir fanden heraus, dass sie in meiner Gegenwart wegen einer alten Geschichte immer noch eine Beklemmung empfand. Jetzt war der Moment, das zu bereinigen. Was für eine Freude. Letztlich verdankten wir diese Entwicklung der Feinfühligkeit des Mädchens.»

Von diesem Moment an sei das Kind wie befreit gewesen und verhalte sich bis heute auch dann herzlich, wenn ihre Mami anwesend sei. Anfänglich sei sie fast euphorisch gewesen darin. Das ist Kooperation. Spüren Sie, wie ungerecht und kränkend es ist, was Kinder in solchen Situationen erleben? Nun, woher wissen wir, wieso sich ein Kind so oder anders verhält? Müssen wir alles einfach hinnehmen, weil wir denken, es könnte vielleicht mit jemandem kooperieren? Nein, hinnehmen wäre das falsche Wort, aber

ich schlage vor, dass wir Eltern ein neues Denken über unsere Kinder bekommen und davon ausgehen, dass sie ebenso gute Gründe haben für ihr Verhalten wie wir selber.

Wenn wir irritiert sind durch ihr Verhalten, sollten wir das ihnen einfach mitteilen und uns Gedanken machen, Fragen stellen und zu verstehen suchen, anstatt den Kindern Vorwürfe zu machen.

Vorwürfe macht man ja selten aufgrund von Tatsachen, sondern von Interpretationen, und die sind häufiger falsch, als wir denken.

Eine Mutter, die mit dem Essen wartet, wirft ihrem Sohn die Verspätung dann vor, wenn sie denkt, dass diese zu vermeiden gewesen wäre. In diesem Sinn gilt der Vorwurf nicht der Verspätung, sondern der vermeintlichen Geringschätzung.

Oft neigen wir Erwachsenen dazu, uns in Konflikten, die wir unter Kindern beobachten, auf die Seite des schwächeren bzw. jüngeren Kindes zu schlagen und vom grösseren und älteren Toleranz und Grosszügigkeit zu erwarten. Denken Sie doch nächstes Mal daran, dass ihre ältere Tochter vielleicht nur Ihr eigenes Erziehungsverhalten imitiert und vielleicht gerade dabei ist, dem kleineren Geschwister beizubringen, dass man teilen muss, wie Sie es ihm ja oft gesagt haben. Wie frustrierend, wenn ein Kind erfahren muss, dass die Eltern seine «Erziehung» untergraben und die Hierarchie zwischen den Geschwistern aufheben wollen. Anstatt Ihr älteres Kind zurechtzuweisen, wäre es sinnvoll, genau hinzuschauen, ob es nicht ein Verhalten zeigt, das Sie selber vorleben bzw. bis vor Kurzem praktiziert haben. Vielleicht werden Sie Ihrem älteren Kind erzählen, dass Sie dabei sind, Ihr Erziehungsverhalten zu überdenken, und beziehen es in Ihre Überlegungen ein. Auf jeden Fall werden Sie nur Verwirrung stiften, wenn Sie Ihrem älteren Kind Vorwürfe machen für ein Verhalten, das es bei Ihnen beobachtet. Wenn Sie dann vielleicht sagen: «Es ist nicht deine Aufgabe, deinen kleinen Bruder zu erziehen!», dann unterbinden Sie ein Verhalten, das beiden Kindern angeboren ist: Ein kleineres Kind ordnet sich dem grösseren unter, und ein älteres Kind übernimmt Verantwortung für das kleinere Geschwister. Wer hier demokratisches Verhalten einführen will – vielleicht inspiriert durch die Ideologie der 68er-Generation – muss sich bewusst sein, dass er gegen angeborenes Verhalten angeht. Er würde seinen Kindern eher weiterhelfen, wenn er mit ihnen über gutes Führungsverhalten nachdenkt. Wenn Kinder Führung nicht mehr offen leben dürfen, werden sie die Hierarchie untereinander mit Manipulation und Intrigen hinter dem Rücken der Eltern herstellen und erhalten müssen.

So weit ein paar Gedanken zum weiten Feld der Erziehung durch das Vorbild bzw. durch die Kooperation durch Imitation und dazu, wie wenig wir im Alltag damit rechnen. Noch weniger rechnen wir mit der andern Art der Kooperation, der spiegelbildlichen. Ich nenne sie gerne «Kompensation». Sie ist der Hintergrund für manch unverständliches Verhalten unserer Mitmenschen, nicht nur der Kinder. Und auch hier kann uns das Wissen um diese Dinge davor bewahren, Verhalten falsch zu interpretieren.

5.2. Kooperation durch Kompensation

Auf dem Reitplatz fand ebendiese Art der Kooperation statt. Es würde dort keinen Sinn machen, wenn ein «Pferd» das andere imitiert. Hier ging es vielmehr um die Rollendefinition. Die Frage stand im Raum: Wer führt unsere Herde an? Und beiden war es klar: Erfolgreiche Kooperation bedeutet hier: Wenn du führst, ordne ich mich unter, und umgekehrt. In jeder Gemeinschaft gibt es diese Art der Kooperation. In vielen Situationen ist Imitation unsinnig.

Wenn du sprichst, höre ich zu, und umgekehrt. Wenn du traurig bist, muntere ich dich auf, und umgekehrt. In Liebesbeziehungen kann man Seltsames beobachten: Wenn er sich nähert, wehrt sie ab. Kaum hört er beleidigt auf, wendet sich das Blatt. Wer's nicht glaubt, höre doch Mani Matters Lied von der «Psyche vo dr Frou.»

Nun, es sind nicht diese Dinge, die ich thematisieren möchte. Vielmehr geht es darum zu sehen, dass das wiederum auf einer Ebene geschehen kann, die den Beteiligten nicht bewusst ist. Kinder kooperieren immer dann spiegelbildlich, wie Jesper Juul es nennt, anstatt durch Imitation, wenn sie ein Defizit wahrnehmen. Sie gleichen aus, was Eltern tun oder eben nicht tun. Eltern, die sehr auf Ordnung bedacht sind, staunen wohl nicht, wenn ihre Kinder auch sehr ordentlich sind. Es kann aber auch sein, dass ein Kind mit dieser Eigenschaft spiegelbildlich kooperiert. Es spürt vielleicht instinktiv, dass übertriebene Ordnung Kreativität erstickt, und es beginnt, ein Gegengewicht in sich aufzubauen und lässt um sich herum mehr und mehr Chaos aufkommen.

Anstatt das Kind zur Ordnung zu zwingen, könnten Eltern vielleicht erkennen, dass sie selber zu sehr Sklaven sind von äusserlichen Dingen, vielleicht auch Sklaven der Meinung anderer. (Wenn die Grossmutter kommt, muss alles picobello sein...) Kinder, die unbewusst elterliche Defizite kompensieren, könnten aufmerksamen Eltern wertvolle Impulse geben für deren eigene Entwicklung.

Wenn ein Kind sieht, wie die Mutter Klavier nach Noten spielt und die Hände immer brav das tun, was der Kopf will, dann kann es entweder das Gleiche tun wollen, oder aber es spürt, dass der Mutter etwas fehlt, und es versucht das auszugleichen: durch improvisatorische Phantasie vielleicht.

Diese Art der spiegelbildlichen, ausgleichenden Kooperation durch Kompensation ist wenig im Bewusstsein der Menschen. Ich finde das schade. Vielleicht zeigt mir das Verhalten eines Kindes, dass ich mich so extrem in eine Richtung entwickelt habe, dass es ungesund ist und dass ich gewisse andere Seiten des Lebens übersehe. Welche Chance, wenn ich auf das Kind achte und so die Gelegenheit bekomme, wieder etwas «ganzer», etwas ausgewogener zu werden. Dass ich mich vielleicht so sehr aufs Sparen konzentriert habe, bis es Geiz geworden ist. Die übertriebene Grosszügigkeit meines Kindes sollte mich dann anstatt zum Zorn zum Nachdenken reizen. Vielleicht werden dann das Kind und ich gemeinsam weiterkommen. Auf jeden Fall hilft uns diese Betrachtungsweise, dem Verhalten der Kinder mit mehr Verständnis und Respekt zu begegnen und es nicht vorschnell zu verurteilen.

Betrachten wir ein weiteres Beispiel für die beiden Arten der Kooperation:

Eltern können sich von Herzen dafür engagieren, ihren Kindern die Wichtigkeit des Lernens zu erklären, ihnen einzuschärfen, wie es für ihr Leben wichtig sei und wie lebenslanges Lernen für alle gelte usw. Wenn das Kind spürt, dass die Eltern im Grunde des Herzens bildungsfeindlich und gegenüber Gebildeten ablehnend sind, wird das die handlungsleitende Botschaft sein. Entweder werden die Kinder Bildung und Wissen auch verachten (Imitation), oder sie werden spiegelbildlich kooperieren und die mangelnde Bildung der Eltern ausgleichen wollen (Kompensation). Entweder werden auch sie sagen: «Das interessiert mich nicht», oder sie werden die fehlende Bildung der Eltern durch vermehrtes Engagement in der Schule wettmachen wollen.

Stellen Sie sich eine Mutter vor, die ihrem siebenjährigen Kind die Mütze überstreift und ihm die Handschuhe hinhält, so dass es nur noch die Arme ausstrecken muss. Wie kann das Kind auf diese Art von elterlicher Überbehütung reagieren? Vielleicht bleibt es unselbständig und verzichtet darauf, selber die Verantwortung zu übernehmen. Es spürt, dass die Eltern ihm nicht zutrauen, sich selber anzuziehen, und überlässt das folgerichtig den Eltern. Die Eltern können dem Kind später vielleicht lange sagen, dass es endlich selbständig sein soll, dass es sich endlich selber um dies und jenes kümmern sollte. Die Erfahrung, dass die Mutter dann doch eingreift, ist viel nachhaltiger. Das Kind spürt untrüglich, was die Mutter in der Tiefe ihres Herzens sucht: Ein Kind, das sie braucht, das ihr Bedeutung und Wert gibt. Überlegen Sie kurz: Reagiert dieses Kind jetzt durch Imitation oder Kompensation? Richtig: durch Kompensation. Es passt sich den Eltern spiegelbildlich an: steuert ihr zu viel, steuere ich zu wenig! Wie aber sähe denn nun die Kooperation durch Imitation in diesem Fall aus?

Ein anderes Kind würde vielleicht stur selbst die Kontrolle über die Kleider übernehmen: sich von der gewählten Bekleidung nur durch allergrössten Druck trennen. Keine Jacke oder die falsche tragen, Schuhe, die in den Augen der Mutter völlig unzweckmässig sind usw. Es imitiert die Mutter, die mit der gleichen Sturheit unerbittlich solche Dinge durchgesetzt hat. Es hat gelernt, dass kein Preis zu hoch ist für das Durchsetzen der eigenen Meinung in dieser Sache.

Es gäbe dann freilich noch eine andere, konstruktive Möglichkeiten für das Kind: sich unterordnen und dennoch mit der Zeit selbständig werden. In der Praxis kommt das Gott sei Dank auch häufig vor. Kinder sind oft sehr kreativ beim Auskorrigieren elterlicher Fehler.

Nachdem wir jetzt einiges über die Naturgesetze von Kooperation durch Imitation und Kompensation wissen, ist es klar:

Ich verhalte mich so, dass das Kind durch Imitation erfolgreicher ist, dass es sich darin wohler fühlt als in der Kompensation meiner Defizite. Vielleicht so:

«Ich ziehe heute die warme Jacke an, es könnte gegen Abend frisch werden.» (Das Kind wird eingeladen, durch Imitation zu kooperieren.)

«Ich will nicht die warme Jacke anziehen, die ist so schwer.» (Das ist auch Imitation, denn das Kind überlegt auch und entscheidet.)

«Wie du meinst.»

(Die Eltern geben dem Kind im Rahmen des Möglichen die Verantwortung.)

Wenn dann auf dem Spaziergang das Kind friert, wird es vielleicht still leiden oder es wird sagen:

«Ich habe kalt.» Die weise Mutter wird in einem solchen Fall darauf verzichten zu triumphieren und das Kind zu demütigen. Das Kind wird die Lektion auch so verstehen.

«Möchtest du ein bisschen unter meine warme Jacke kriechen?» Wenn das dann für das Kind unbequem ist, ist das kein Unglück – im Gegenteil: Es wird dem Kind helfen, das nächste Mal auf den Rat der Mutter zu hören. Wenn die Mutter dem Kind die Jacke überlässt und selber friert, dann muss das wohlüberlegt sein. Im Normalfall wäre es für das Kind ein wenig hilfreiches Signal.

Jetzt wollen wir uns nochmals das Interventionskonzept anschauen und anhand eines Beispiels nach Anzeichen von Kooperation suchen.

Stellen Sie sich vor: Ihr Kind beteiligt sich nicht am Haushalt, stellt nur Ansprüche, vernachlässigt seine Pflicht in der Schule, sitzt mit Chips und Cola vor dem Fernseher oder vor dem PC.

Früher hätten Sie Ihr Kind womöglich mit Vorwürfen eingedeckt. Sie hätten je nachdem geklagt und gejammert. Sie hätten vielleicht an sein Mitgefühl appelliert und um eine Verhaltensänderung gebettelt.

Dank des Wissens um die Join-up-Intervention fallen Ihnen jetzt Alternativen ein: Sie reden zu vereinbarter Zeit mit Ihrem Kind. Vielleicht etwa so: «Hör zu, Jeannette, ich dulde diese Situation nicht länger. Entweder finden wir jetzt eine vernünftige Regelung mit dem Haushalt, oder ich muss mir überlegen, ob ich weiter für dich die Dienerin spielen will.» Sie können sich die Fortsetzung vorstellen. Vielleicht kommt es wirklich zu einem Wasch- und Transportstreik der Mutter. Sicher aber ist, dass – wenn sie die nötige Beharrlichkeit hat – die Tochter sich unterordnen und zu einer einvernehmlichen Lösung Hand bieten wird. So weit, so gut, die Hierarchie ist wiederhergestellt, und wenn das ohne Gezeter über die Bühne ging, dürfen sich alle freuen.

Wie aber stellt sich diese Situation aus dem Blickwinkel der Kooperation dar? Es stellen sich folgende Fragen:

Kooperiert das Kind durch Imitation? Wo hat es ein solches Vorbild? Wo gibt es einen Menschen im Beziehungsfeld, der als Modell dient? Vergessen Sie dabei ausserfamiliäre Idole nicht. Freilich: Auch wenn das Vorbild gefunden ist – an der Interventionsstrategie ändert sich nichts. Nur ist so die Basis gelegt, dass Sie dem Kind keine Vorwürfe machen, sondern nur eine Verhaltensänderung erwirken.

Die andere Frage ist viel spannender: Kooperiert das Kind spiegelbildlich? Dienen Sie Ihrem Kind? Haben Sie ihm zu verstehen gegeben, dass Haushaltsarbeiten Ihr Job sind? Haben Sie das Mädchen als Kleinkind davon ausgeschlossen?

In beiden Fällen macht das Kind in seinen Augen «das Richtige». Auch wenn Sie ihm jetzt etwas anderes einreden wollen. Denken Sie daran, dass vorgelebtes Verhalten ungleich nachhaltigere Werte setzt als Worte. Was Moralpredigten erreichen, ist kurzfristig und oberflächlich. Was bleibt, sind höchstens ungute Gefühle und Beziehungsstörungen. Wenn Sie jetzt durch eine Join-up-Intervention reagieren, sagen Sie dem Kind nicht: Du bist ein egoistisches und undankbares Kind, das mir die ganze Hausarbeit überlässt, sondern Sie schaffen einfach neue Rahmenbedingungen, die es zu einer Verhaltensänderung drängen.

Was für eine Chance für ein Kind, vor allem, wenn wir an die Alternative denken: dauerndes Nörgeln! Auf so etwas kann ein Kind auch wieder durch Imitation oder durch Kompensation reagieren. Im Extremfall kann das bedeuten, dass das Kind die Meinung der Eltern übernimmt. Es glaubt selber, dass es faul und bequem und verantwortungslos sei, und es wird die tiefe Gewissheit in sich aufbauen nicht okay zu sein. Oder es kann kompensatorisch reagieren und versuchen, immun zu werden gegen die Kritik der Eltern und alles an sich abprallen zu lassen.

Neben dem Blickwinkel der Kooperation gibt es natürlich noch andere Erklärungsmuster:

Das Kind könnte in der Schule entmutigt sein und sich auf diese Weise «trösten», oder es könnte unter der Atmosphäre in der Familie leiden und sich allem entziehen wollen.

Wie auch immer die Erklärung aussieht. Auch wenn Sie sich hundert Mal an den Kopf greifen müssen, weil Sie eigentlich selber «schuld» sind an der Situation: Widerstehen Sie unbedingt der Versuchung, alles laufen zu lassen. Selbstbestrafung hilft hier niemandem! Intervenieren Sie! Die Form der Intervention ist in der Regel ziemlich unabhängig von der Erklärung. Dass Sie verstehen, wie es dazu kommen konnte,

bewahrt Sie hingegen davor, dem Kind irgendwelche üblen Charakterzüge zu unterstellen.
Eine solche Join-up-Intervention könnte in diesem Fall, wie oben schon angedeutet, etwa so aussehen:

Sagen Sie Ihrem Kind, dass Sie sich so nicht mehr wohl fühlen und dass Sie mit ihm gerne über Rechte und Pflichten im Haushalt sprechen möchten. Geben Sie Ihrem Kind die Chance, Sie als Mensch zu spüren, der klar sagen kann, was ihm passt und was nicht. Und wie gesagt: Kritisieren Sie Ihr Kind nicht, denn Sie haben es ja zugelassen, dass es zu diesem Problem kam. Übernehmen Sie dafür die Verantwortung und schreiben Sie es nicht dem schlechten Charakter Ihres Kindes zu.

Wenn es Druck braucht, dann fahren Sie die Dienstleistungen herunter oder ändern Sie auf andere Weise die Rahmenbedingungen. Vermeiden Sie aber alle Gehässigkeit und Nörgelei. Sorgen Sie dafür, dass das Kind sich geliebt fühlt, auch wenn Sie etwas auf Distanz gehen müssen.

Es wird ein grosser Gewinn für Ihr Zusammenleben sein, wenn Sie immer dann, wenn Ihnen das Verhalten eines Kindes sauer aufstösst, das Kind nicht unbedacht zurechtweisen. Fragen Sie sich vielmehr: Wie und womit kooperiert mein Kind?

Ich hatte kürzlich eine längere Beratung mit Eltern, die darunter litten, dass alle ihre Erziehungsmassnahmen von den Kindern «systematisch unterlaufen wurden», wie sie unterstellten. Sagten sie, PC bis um sechs, mussten sie um halb sieben einen grossen Aufstand machen, bis das Kind gehorchte. Hiess es Ausgang bis halb zehn... Sie kennen das sicher. Nichts Mühsameres als Leute, die sich nicht an Abmachungen halten.

Im Beratungsgespräch, bei dem die Kinder auch anwesend waren, arbeiteten wir gemeinsam Verträge aus, wobei die Kinder sich sehr anpassungsfähig zeigten. Nach ein paar Wochen sagten mir die Eltern, dass alles noch beim Alten sei. Bei der Analyse der Ursachen mussten – oder besser durften – wir feststellen, dass die Eltern sich genauso wenig wie die Kinder an die getroffenen Vereinbarungen gehalten hatten. Es fiel den Eltern zwar schmerzlich, aber doch befreiend, wie Schuppen von den Augen: Die Kinder kooperierten mit ihrem Umgang mit Abmachungen.

Alle nahmen sich vor, sich ab jetzt an die Abmachungen zu halten. Und siehe da, jetzt stellten sich die Verhaltensänderungen mit erstaunlicher Schnelligkeit ein. Hiess es vorher: «Ja, das braucht halt seine Zeit!», stellte sich heraus, dass es kaum Zeit brauchte, nachdem die Rahmenbedingungen stimmten. Sie wollen wissen, worin die Abmachungen bestanden? Nun, ein Beispiel: Die Eltern hatten dem Mädchen während Jahren Ordnung im Zimmer beibringen wollen. Sie appellierten an seinen Ordnungssinn, drohten mit Besuchsverbot und Ausgangssperre, Fernsehverbot usw.

Wenn Sie Lust haben, das am Originalschauplatz nachgespielt zu sehen, gehen Sie wieder auf www.youtube.com und finden mit dem Suchbegriff heinzetter das Video «Unordnung».

Bei unserem Gespräch machten wir etwas ganz Einfaches ab: Zuerst erstellten die Eltern mit dem Kind gemeinsam eine vernünftige Ordnung und rieten ihm, wirklich nur so viele Dinge im Zimmer zu lassen, als es auch in Ordnung halten könne. Die Abmachung bestand nun darin, dass die Mutter täglich, nachdem das Mädchen aus dem Hause gegangen war, ihr Zimmer aufsuchte und alle Gegenstände, die nicht versorgt waren, in einen Sack packte und in einer Kiste im Keller ablegte. Dort blieben die Gegenstände, bis das Kind sie vermisste. Sollte das länger als einen Monat dauern, war die Mutter frei, die Dinge zu entsorgen. Als die Mutter die Dinge tatsächlich

wegräumte, reagierte die Tochter sehr schnell. Es lag praktisch nie mehr etwas herum, und die Ordnung war innert Tagen bleibend installiert.
Zurück zum Thema: Diese wunderbare Abmachung griff natürlich erst, nachdem die Mutter sie auch wirklich umsetzte. Die Botschaft für das Kind war vorher klar folgende gewesen: «In unserer Familie sind solche Abmachungen Zeichen guten Willens, aber mehr nicht. Sie haben keinen verbindlichen Charakter.»

Wenn Sie als Eltern erkennen müssen bzw. dürfen, dass Sie letztlich selber schuld sind, dass Ihr Kind sich so oder anders verhält, sind Sie in Gefahr, dass Ihr Kind das spürt und zu erkennen gibt: Ich muss mich nicht bewegen, nachdem ihr selber... Hier ergibt sich neben dieser Gefahr aber auch eine grosse Chance: Es ist etwas Schönes, mit Kindern so etwas offen anzusprechen und sich gemeinsam auf den Weg zu machen.

Für das Thema Join-up ist vor allem interessant, dass die Kinder punkto Führung mit den Eltern in der Regel spiegelbildlich kooperieren. Sie wissen instinktiv, dass es in einer Gemeinschaft Führung braucht. Wenn es die Eltern als Führungspersonen erlebt, wird das Kind sich unterordnen. Wenn es die Eltern als unsicher wahrnimmt, wird es innerlich gedrängt sein, das Führungsdefizit auszugleichen. Es wird sich einem Join-up verweigern bzw. sich wieder ausklinken. Diese Formulierung gefällt mir besser, als wenn man sagt, das Kind nütze es aus, wenn seine Mutter keine Linie habe. Hier wird nämlich dem Kind die Verantwortung für einen Missstand zugeschoben, für den womöglich gar niemand etwas kann, am wenigsten wohl das Kind. Das Ausgleichen von Führungsdefiziten ist ein angeborenes Verhalten, das wir im Hühnerhof und in der Weltpolitik beobachten können. Wieso soll sich ausgerechnet ein Kind hier anders verhalten? Je nach dem

Führungsverhalten der Eltern kommt es dadurch zum Join-up, zur Hierarchieumkehr oder – was der Normalfall ist – zu häufigen bis täglichen Machtkämpfen. Niemandem ist so recht wohl dabei, wenn Kinder permanent im Zweifel sind, ob sie sich nun unterordnen oder selbst das Heft in die Hand nehmen sollen. Auch den Kindern nicht. Für diese Situation tragen die Erwachsenen die Verantwortung, nicht die Kinder. Und bevor Sie jetzt ausrufen: «Immer sind die Eltern schuld in der modernen Pädagogik!!», möchte ich Sie beruhigen. Es geht im Moment nicht darum, wer schuld ist, sondern nur darum, dass Sie in Zukunft widerspenstigen Kindern nicht mehr aggressiv begegnen, sondern sich fragen: «Wo bin ich zu wenig klar? Wo schwanke ich hin und her? Wo wiederhole ich Aufträge anstatt nachzufragen, warum es nicht funktioniere?» Nur schon allein das Stellen dieser Fragen wird beim Kind eine Veränderung bewirken, selbst dann, wenn das nur in Ihren Gedanken geschieht. Ein Kind wird den Anspruch spüren: Mein Mami, mein Papi wollen führen.

Manchmal ist es schwer vorauszusehen, wie Kinder kooperieren. Wenn Eltern zum Beispiel sehr autoritär sind, können Kinder entweder spiegelbildlich kooperieren: Sie unterwerfen sich. (Ein Join-up ist hier eher unwahrscheinlich.) Sie können aber auch durch Imitation kooperieren: Sie entziehen sich der Autorität der Eltern, rebellieren und und treten ihrerseits autoritär auf.

Vor diesem Hintergrund sind wir gut beraten, vorsichtig zu sein, bevor wir von rebellischen Kindern sprechen und sie als frech, ungezogen und undankbar beschimpfen. Sie tun vielleicht im Grunde nichts anderes als das, was aus ihrer Sicht notwendig ist. Selbstverständlich wissen sie gleichzeitig, dass irgendetwas nicht stimmt, und sie haben wohl auch oft ein schlechtes Gewissen, fühlen sich selber so, wie die Erwachsenen sie betiteln. Dennoch können sie nicht anders, als quer stehen, die Eltern dominieren und sich allen Führungsversuchen widersetzen. Warum ist das so? Gewisse Kinder sind stärker als andere darauf fixiert, Führungsdefizite zu erkennen und den Raum sofort einzunehmen. Sie sind irgendwie unfähig, sich führungsschwachen Eltern unterzuordnen. Es sind oft auch jene, die in ihrer Altersgruppe eine Führungsrolle innehaben oder dann erfolgreich kleinere Kinder anleiten können. Diese Kinder blühen erst dann auf, wenn sie die Gelegenheit bekommen, sich einer Bezugsperson freiwillig unterzuordnen. Ich habe das oft im Heim für Verhaltensauffällige gesehen, das ich ein paar Jahre geleitet habe. Ich erinnere mich zum Beispiel an Michael, der zu uns kam, weil seine Mutter und auch die Lehrkräfte jeden Einfluss auf ihn verloren hatten. Im Heim ordnete er sich schnell den starken Persönlichkeiten unter und war bald der einflussreichste Jugendliche, bewundert von den Jungs, geliebt und verehrt von den Mädchen, aber gefürchtet von jenen Sozialpädagogen, deren Führungsschwäche im Umgang mit ihm offenbar wurde. Ihnen gegenüber verhielt er sich arrogant und widerspenstig. Wenn er aber im Join-up mit jemandem war, war er sehr liebenswürdig und charmant. Zusammen mit diesen Erziehern begann er auch aktiv daran zu arbeiten, dass er sich auch führungsschwachen Rollenträgern unterordnen wollte und später auch konnte. Er begriff, dass er es nur so schaffen würde, eine Lehre zu absolvieren und einen guten Platz im Leben zu finden.

Viele Eltern lernen in Erziehungskursen Tricks, wie sie sich gegen ihre Kinder und Jugendlichen durchsetzen können. Das ist auch gut so, dennoch ist es nur eine halbe Sache, solange den Kindern dabei die Schuld für die Krise zugeschoben wird. Sie sind es ja, die bestraft werden, die verurteilt werden und in die Ecke gestellt – manchmal sogar buchstäblich. Wir haben lange gezögert, unsere Gedanken einer breiteren Öffentlichkeit bekanntzumachen aus der Befürchtung, dass die Join-up-Intervention missbraucht wird und missdeutet, so dass sie ein weiteres Manipulationswerkzeug wird in den Händen überforderter Eltern. Ein Beispiel:

Ein Kind weint am Tisch. Jedes Gespräch wird unmöglich. In dieser Situation raten einige zeitgemässe Ratgeber, das Kind wegzuschicken. «Du kannst dann wiederkommen, wenn du dich anständig benehmen kannst!» Unser Ansatz sieht äusserlich vielleicht ganz ähnlich aus, aber wir werden im nächsten Kapitel sehen, worin der fundamentale Unterschied besteht. Unser Vorschlag: Gehen Sie zum Kind hin, führen Sie es womöglich hinaus. Sobald Sie zu ihm sprechen können, sagen – und denken! – Sie etwa Folgendes: «Ich sehe, dass du weinen musst. Das ist okay, weine dich aus, bis es dir besser geht. Bitte geh dazu in dein Zimmer. Hier am Tisch will ich das nicht.» Ein Kind wird sich in dieser Situation entweder ganz schnell beruhigen oder sich im Gefühl zurückziehen, dass es geliebt ist und mindestens teilweise verstanden. Wer das jetzt als Trick so macht (deshalb die Bemerkung «und denken Sie!»), der verpasst das eigentlich Neue am Join-up-Prinzip: Die Chance einer Führung durch Vertrauen. Das hängt damit zusammen, dass Kinder nicht nur mit jenem Verhalten kooperieren, das sie sehen und hören, sondern vor allem mit Haltungen, Wünschen und Sehnsüchten, aber auch mit Ängsten und Urteilen der Eltern, die sie auf Wegen wahrnehmen, die man mit unbewusster Einfühlung umschreiben mag.

Ich erinnere mich an ein Telefongespräch mit einer Mutter, die sehr verzweifelt war, dass ihr Sohn ein so schlechtes Selbstwertgefühl hatte. «Ich sage ihm jeden Tag, dass er ein Geschenk Gottes ist, wertvoll und liebenswert.» Ich fragte sie daraufhin: «Und du selber, fühlst du dich auch wertvoll und liebenswert?» Es war dann ganz lange still am andern Ende, bis ich sie fragte: «Spürst du, dass dein Kind mit deinen Gedanken kooperiert und nicht mit deinen Worten? Dein Kind wird diese Botschaft erst glauben, wenn du sie selber für dich auch ernst nimmst.»

6. Die gleichwürdige Gemeinschaft

In den letzten Kapiteln haben wir uns damit beschäftigt, wie wir als Eltern durch das Aussenden von Unterordnungssignalen unsere Kinder dazu einladen, ja andere sogar dazu bestimmen, die Führung zu übernehmen, und wie problematisch es ist, wenn wir als Erwachsene dann den Kindern die Schuld dafür geben, sie abwerten und demütigen mit dem Ziel, sie gefügig zu machen. All die Tricks und Methoden der Verhaltenstherapeuten, die man im weitesten Sinn mit «Zuckerbrot und Peitsche» zusammenfassen kann, beheben zwar womöglich die schmerzlichen Symptome, aber nicht das eigentliche Problem: Die Tatsache nämlich, dass wir als Erwachsene im Konfliktfall davon ausgehen, dass wir wissen, was okay ist und was nicht, die Kinder hingegen noch lernen müssen, dass Erwachsene charakterlich edler sind als Kinder und diese demnach «erzogen» werden müssen. Das Ziel dieses Kapitels ist es, Sie mit einer neuen Sicht des Elternseins vertraut zu machen: Eltern, die gleich-würdige Kinder führen. Gestatten Sie mir, ein bisschen auszuholen.

In den letzten Jahrhunderten und Jahrzehnten hat unsere Gesellschaft erkannt, dass Schwarze auch Menschen sind wie wir, später erkannten wir das auch bei den Frauen, und es wird die Zeit kommen, da werden wir mit Schrecken darauf schauen, wie man noch anfangs des 21. Jahrhunderts mit Tieren umging.

6.1. Wie aber steht es mit den Kindern?

Nehmen wir sie wirklich ernst? Achten und respektieren wir sie? Dass Kinder Rechte haben, ist heute unbestritten. Auf der

Nach: Europa4young: Kinderrechte.

Grafik ist eine Übersicht der Kinderrechte, die ich im Internet gefunden habe: Das siebte der zehn Grundrechte, wie sie von der UNO Vollversammlung am 20. 11. 1989 verabschiedet und vom UN-Kinderhilfswerk zusammengefasst wurden, lautet: Kinder haben ein Recht auf eine Privatsphäre und eine gewaltfreie Erziehung im Sinne der Gleichberechtigung und des Friedens.

Hier ist von Gleichheit im Sinne von Gleichberechtigung die Rede. Das mag gut gemeint sein, und angesichts der Tatsache, dass viele Kinder in der Welt die elementarsten Rechte vermissen müssen, ist es wohl auch wichtig, sich das als Gesellschaft bewusst zu machen. Aber das Wort gleichberechtigt ist hier sehr problematisch, denn es ist mit dafür verantwortlich, dass im letzten Jahrhundert die Idee aufkam, dass Familien demokratische Gebilde von gleichberechtigten Partnern sein sollten. Aus unserer Sicht sollten Kinder nicht gleichbe**rechtigt**, sondern gleich**würdig** sein. Ich finde den Begriff, den Jesper Juul geprägt hat, ausserordentlich treffend. Er bezeichnet eine hierarchische Beziehung zwischen Menschen, die den gleichen Wert haben. Seit der Arbeiterbewegung im 19. und 20. Jahrhundert tragen die Menschen eine Vision in sich, dass alle Menschen letztlich die gleiche Würde haben. Eigentlich hat die Französische Revolution das schon verkündet: Liberté, Egalité, Fraternité (Freiheit, Gleichheit, Brüderlichkeit), nur waren sich die Bürger einig, dass das nur im Blick nach oben – zu den Adeligen hin – angestrebt war, nicht im Blick nach unten, zu den Tagelöhnern und zu anderem Gesindel.

Die Vision der gleichen Würde ist wach, mindestens in den demokratischen Ländern.

Wie aber steht es mit den Kindern? Niemand wird wohl behaupten können, dass das Ziel der gleichen Würde erreicht sei, wenn es überhaupt als solches gesehen wird. An den Rechten fehlt es den Kindern nicht. Wenn diese Rechte dennoch nicht dazu führen, Kinder als gleichwürdig zu betrachten, liegt es vielleicht daran, dass wir den Kindern so wenig zutrauen. So wenig, dass man darauf verzichtet, die Pflichten der Kinder zu formulieren, wo ja normalerweise Rechte und Pflichten immer im gleichen Atemzug genannt werden. Haben Kinder denn überhaupt Pflichten? Dürfen sie welche haben?

Die einseitige Betonung der Rechte der Kinder ist vielleicht genau der Grund, warum wir die Kinder noch immer nicht als gleichwürdige Partner ernst nehmen. Wir trauen ihnen nämlich kaum mehr Pflichten zu. Viele Eltern glauben zum Beispiel, dass es ihrem Kind schadet, wenn es arbeiten muss oder wenn es einmal ruhig sein muss. Sie finden es stossend, wenn Kinder Verzicht leisten müssen, wenn Kinder frieren oder sonst wie an ihre Grenzen kommen.

Kinder auf einem Bauernhof lernen, die Gefahren zu sehen und mit ihnen umzugehen. Man stelle sich einmal vor, ein Bauernhof müsste ähnlich wie eine Vierzimmerwohnung so eingerichtet werden, dass man auf den Verstand der Kinder verzichten kann. In vielen Wohnungen hat man den Eindruck, als gingen die Eltern davon aus, dass Kinder nicht glauben oder nicht glauben wollen, dass man nicht mit einer Nadel in der Steckdose forschen darf.

Einige Eltern gehen davon aus, dass Kinder aus jedem Fenster steigen, das nicht gesichert ist. Ich kenne Haushalte, wo an allen möglichen Orten Schaumgummi-Pads verhindern sollen, dass ein Kind sich verletzt. All das offensichtlich, weil man dem Kind nicht zutraut, dass es lernt, mit den Gefahren seiner Lebenswelt umzugehen.

Später setzt sich das so fort, dass die Eltern in jeder Minute wissen wollen, wo ihre Kinder sind. Während die einen den ganzen Tag ohne Betreuung sind, weil beide Elternteile arbeiten, überwachen andere Eltern jede Minute im Leben ihrer Kinder. Viele trauen ihren Kindern den Schulweg nicht mehr zu. Man ruft nach Verkehrslotsen und Pedibussen (das sind durch Erwachsene geführte Kindergruppen, die zu Fuss unterwegs sind und denen Schulkinder sich an bestimmten «Haltestellen» anschliessen können). All dieses Sorgen um das Wohl der Kinder hinterlässt bei mir den Verdacht, dass wir Erwachsenen zwar je länger je mehr Ehrfurcht haben vor dem Können und Wissen der Kinder – insbesondere in jenen Bereichen, in denen Erwachsene weniger zu Hause sind: Computer, Gameboy, Internetkommunikation usw. – dass wir aber auf der andern Seite eine immer schlechtere Meinung von ihnen haben, was ihre Eigenverantwortung, ihre Zuverlässigkeit und Belastbarkeit

Die Idee mit dem Loch im Parkettboden war wohl eher die des Fotografen. Kleine Jungs machen sowas nicht...

anbelangt. Woher kommt das? Die Antwort ist einfach: Eltern erleben ihre Kinder selten in der Join-up-Beziehung. Meistens beteiligen sich Kinder am Haushalt in einem Modus, der sagt: «Eigentlich finde ich es nicht okay, dass ich das machen muss, und deshalb mache ich gerade so viel, wie man mir aufgetragen hat.» Die Kinder werden in ihren eigentlichen Ressourcen gar nicht angesprochen. Sie bekommen auch nur Arbeiten, die man kaum falsch machen kann, eben deshalb, weil man sie als faul und träge erlebt. Es liegt auf der Hand, dass Arbeiten von dieser Qualität auch nicht besonders motivieren, und so schliesst sich der Teufelskreis. Gott sei Dank finden fast alle Kinder irgendwann einen Bereich, wo sie sich entfalten können, und oft staunen dann die Eltern und ehemaligen Lehrkräfte und fragen sich, wo diese Kreativität, diese Phantasie, dieses Engagement plötzlich herkommen. «Er hät de Chnopf uftue» – hochdeutsch etwa: «Sein Knoten, seine Blockade hat sich gelöst.» – heisst es dann, womit man es sich ersparen kann zu überlegen, wer den Knoten einst geknüpft haben könnte.

Wir schlagen deshalb vor, dass Sie es sich als Eltern viel einfacher machen: Sagen Sie Ihrem Kind nicht, dass es den Tisch abputzen, die Stühle richtig hinschieben, dann den Geschirrspüler einräumen soll und darauf achten, dass ja die Gabeln am richtigen Ort seien. Und dann müsse es ja nicht zu viel Pulver nehmen und ja nicht den falschen Knopf drücken, damit dann das Geschirr in beiden Fächern gewaschen werde. Sagen Sie ihm nicht, dass es nicht vergessen solle, den Lappen zu wechseln, und dass es ja die Teflonpfanne nicht mit dem Scheuerschwamm reinigen dürfe. Sagen Sie ihm nicht ..., sondern sorgen Sie dafür, dass Ihr Kind im Join-up mit Ihnen lebt und dann wegen der Küche Folgendes: «Wann machst du die Küche? Möchtest du lieber heute oder am Freitag? Sag mir, wenn es dir stinkt, alleine zu arbeiten, dann leiste ich dir Gesellschaft, aber eigentlich möchte ich gerne noch die Zeitung lesen.» Gehen Sie davon aus, dass Ihr Kind längst weiss, worauf es beim Spülen ankommt, und dass es mit der Teflonpfanne richtig umgeht, weil Sie ihm einmal gezeigt haben, wie heikel das ist. Vertrauen Sie darauf, dass es Sie fragt, wenn es irgendwo unsicher ist. Wenn Sie so vorgehen, behandeln Sie Ihr Kind wie ein denkendes, verantwortungsvolles Wesen, das die Küche so macht, wie es nach seiner Beurteilung richtig ist. Verzichten Sie deshalb auch auf eine regelmässige Kontrolle und sowieso darauf, Kritik zu üben, solange es nicht wirklich wichtig ist etwas zu ändern. Sagen Sie vielleicht: «Ich wringe den Lappen nach dem Auswaschen aus und hänge ihn über den Brausegriff. So stinkt er weniger schnell.» Verzichten Sie darauf nachzufragen: «Hast du das verstanden?» oder zu bemerken, dass Sie nicht möchten, dass der Lappen wieder tropfnass im Abwaschbecken liegt und stinkt. Gehen Sie davon aus, dass Ihr Kind von Ihnen lernen **will** und dass jede der obigen Fragen eigentlich heisst: «Ich vertraue nicht darauf, dass du machst, was richtig ist. Es ist dir egal, was ich sage und ob ich mich aufrege über den nassen Lappen, der stinkt. Wenn ich nicht den nötigen Druck mache, reagierst du nicht.»

Vielleicht sagen Sie jetzt: Aber bei meinem Kind ist es genau so: Ich muss es wirklich auf alles aufmerksam machen, wenn mir meine Sachen lieb sind. Dann möchte ich Ihnen raten, ein bisschen Geduld zu haben. Sie können nicht erwarten, dass ein Kind, das man – ohne das freilich zu wollen – daran gewöhnt hat, dass die Erwachsenen nicht an seine Ressourcen glauben oder nicht daran interessiert sind, von einem Tag auf den andern den eigenen Verstand braucht. Ich würde gerne einem Knirps von zwei Jahren meine Tasten leihen und aufschreiben, was er vielleicht sagen würde: «Die Erwachsenen wollen nicht, dass ich gross werde. Das habe ich schon früh gemerkt. Als ich aufstehen konnte, freuten sich zunächst alle. Aber als ich dann verschiedene Dinge nehmen wollte, die ich vorher nicht nehmen konnte, räumten sie alles auf eine Höhe, die ich nicht erreichen kann. So gemein. Dabei würde ich damit ja gar nichts Böses tun. Letzthin habe ich endlich begriffen, wie man eine Schublade öffnet. Ich war mega glücklich. Und die Eltern haben sich auch gefreut, aber irgendwie auch nicht. Ich spürte ein seltsames Unbehagen. Vielleicht war es deshalb, dass die Schubladen ein paar Tage später nicht mehr aufgingen. Ich war so stolz, als ich begriff, wo man drücken muss, dass ich mit meinem Papi telefonieren kann. Jetzt geht es nicht mehr. Ich werde das Gefühl nicht los, dass sie mir das Leben verleiden wollen. Ich muss immer wieder neue Tricks finden. Wenn ich ein Glas trage, ganz vorsichtig, dann tun sie so blöd, als ob es schon am Boden wäre, dabei lasse ich – fast – nie etwas fallen. Wenn wir irgendwo spazieren, dann muss ich immer Mamas oder Papas Hand halten. Das mache ich ja gerne, aber wenn ich sie loslasse, denken sie, dass ich sofort kopflos irgendwohin renne. Manchmal denke ich, dass sie mit mir fangen spielen wollen. Ich reisse mich los, sie rennen mir hinterher. Dann bin ich ärgerlich, wenn sie mich zu früh erwischen, und lache, wenn ich einen anständigen Vorsprung herausholen kann. Frustrierend ist einfach, dass die Erwachsenen das Spiel eine Zeit lang mitspielen und plötzlich sauer werden. Es gibt noch mehr solche Spiele, das mit der Schublade zum Beispiel. Sie verschliessen sie immer so, dass ich sie nicht öffnen kann, aber manchmal vergessen sie es, dann nehme ich natürlich, was mich interessiert. Ja, ich werde sowieso manchmal ärgerlich wegen dieser dauernden Einschränkungen. Ich habe gesehen, dass Mama beim Herd an diesen Dingern dreht, wenn wir bald essen können. Wenn ich das Gleiche tue, wird sie sauer. Manchmal droht sie mir sogar. Versteht ihr, warum ich für das Gleiche beschimpft werde, wofür andere gelobt werden? Oft werde ich für etwas bestraft, wofür ich noch Tage zuvor gelobt wurde. Letzthin habe ich von Mama ein Wort gelernt: ‹Heb's Muul!› Das sagt sie, wenn sie mir nicht zuhören will. Das habe ich dann ausprobiert. Alle haben sich gefreut, als ich es sagte. Aber dann haben sie es sich plötzlich anders überlegt. Ich weiss nicht warum. Jetzt darf ich es nicht mehr sagen. Nur noch Mama. Ich darf auch nicht auf dem Trottoir Velo fahren, obwohl es dort schön flach ist. Sie meinen immer, dass ich auf die Strasse fahre. Jetzt muss ich auf der Garageneinfahrt hin- und herfahren, obwohl es gar nicht gut geht. Sie haben gar keine Freude, dass ich gemerkt habe, wie man den Computer einstellt. Sie wollen nicht, dass ich damit spiele, obwohl Papi mir einmal so ein lustiges Spiel gezeigt hat. Sie sagen, ich sei zu klein. Manchmal halte ich es fast nicht aus, so klein zu sein.» Was meinen Sie als Leser dazu? Könnte es sein, dass ein Kind sich solche Gedanken macht? Oder ist es vielmehr ein Wesen, das einfach in den Tag hinein lebt, ohne sich viel zu überlegen? Ein solches Beispiel ist mir aus meiner eigenen Kindheit in Erinnerung. Ich war damals wohl etwa drei Jahre alt. Mein Bruder, der fünf Jahre älter ist, brachte das Schloss Chillon nach Hause, das er anhand eines Modellbogens gebastelt hatte. Weil er das Urteil der grossen Leute über die kleinen bereits übernommen hatte, stellte er das Kunstwerk auf ein Gestell ausserhalb meiner Reichweite. Als es dann doch in Einzelteilen auf dem Tisch lag und wütende Blicke auf mich gerichtet waren, sagte ich – fast stolz: «Mit em Stuehl han is verwütscht.» (Mit Hilfe eines Stuhls habe ich es erwischt.). Vor allem der Stolz in meinen Augen und meine mangelnde Sensibilität für den Wert des Werkes sorgten dafür, dass diese Geschichte sich tief in unser Familiengedächtnis einprägte. Niemand hatte Verständnis für meine Freude. Warum eigentlich? Es war doch logisch: Alle erwarteten, dass ich das Schloss zerstören würde, wenn ich es erwischte. Ich hielt mich doch an die Spielregeln! Einem andern Erlebnis aus dieser Zeit verdanke ich den Entscheid, anders über Kinder zu denken, wenn ich einmal gross sein würde. Das kam so: Ich erinnere mich noch gut an den ersten Witz, den ich begriff: «Zwei Berner – sie sind in der Schweiz wegen ihrer sprichwörtlichen Langsamkeit immer wieder Opfer des Spotts – also, zwei Berner waren zusammen unterwegs, als einer auf eine Schnecke trat. Der andere schimpfte ihn einen Tierquäler, worauf der erste sich wehrte: ‹Was kann ich dafür? Sie kam von hinten!›» Selbstverständlich wollte ich den Witz weitererzählen. Das führte regelmässig zu grosser Heiterkeit. Wieder und wieder wurde ich aufgefordert, das Geschichtlein zum Besten zu geben, bis mir plötzlich bewusst wurde, dass die Erwachsenen nicht über die Pointe lachten, sondern über mich und darüber, dass ein Knirps einen solchen Witz nachzuplappern vermochte, den er doch sicher nicht begreifen konnte. Man ergötzte sich an meinem Gedächtnis und daran, dass ich selber jedes Mal herzlich lachen musste. Ich weiss noch, wie tief mich das damals verletzte. Weil ich sehr klein war für mein Alter, wurde ich öfters weniger ernst genommen als meine älteren Geschwister. Ich erinnere mich, dass ich oft das Gefühl hatte, dass man mir wenig zutraute. Später profitierte ich davon: Ich liess meine Familie im Glauben, dass ich für praktische Arbeiten ungeeignet sei, und beschränkte mich auf das Zuschauen. Mit der Zeit war ich selber überzeugt, zwei linke Hände zu haben, und es brauchte viel Bastelarbeit als Ehemann und Vater, bis ich mich davon überzeugen konnte, doch zu etwas fähig zu sein. Meine Brüder revidierten ihr Urteil schneller als ich.

Entscheidend in unserem Zusammenhang aber ist, dass ich mir damals als Kind vornahm, Kinder dereinst viel ernster zu nehmen. Das wirkte sich dann in meinem Vatersein direkt aus:

Ich hatte meinem Sohn, der in das kleinste Zimmer umziehen musste, versprochen, mit ihm einen massgeschneiderten Schreibtisch mit angedocktem Rack für die Stereoanlage zu schreinern. Ein recht happiges Projekt, und ich war darauf angewiesen, dass er mir half. Kinder in seinem damaligen Alter von etwa 12 Jahren werden normalerweise in einer Werkstatt mit einem Schleifklotz ausgestattet, damit sie kein Unheil anrichten und sich nicht verletzen. Ich wollte das ganz anders – nicht nur aus pädagogischen Gründen.

Wenn Sie im Folgenden Schwierigkeiten haben mit dem Wortschatz, machen Sie sich keine Sorgen. Springen Sie einfach zum nächsten Abschnitt. Ich brachte ihm also bei, wie man die Hobelmaschine vom Abrichten zum Dickenhobeln umstellt und umgekehrt und wie man die richtige Dicke einstellt. Ich brachte dem Sechstklässler bei, wie man an der Fräse den Anschlag richtig einstellt und bei der Stichsäge das Blatt wechselt usw. Wir arbeiteten dann so, dass ich die gefährlichen Arbeiten machte, während er nach meinen Anweisungen die Maschinen für den nächsten Arbeitsgang einstellte. Oder dann setzte er die Lamellos, währenddem ich das nächste Brett abrichtete. Es brauchte einiges, bis er die Exzenter-Schleifmaschine richtig bedienen konnte. Aber dann war er unermüdlich.

So arbeiteten wir effizient zusammen, und er lernte viel, ohne dass ich mich dem Verdacht aussetzte, mein Kind grossen Gefahren auszusetzen (höchstens die Maschinen...). Sie können sich vorstellen, dass es dem Jungen nicht verleidete mitzuarbeiten. Er spürte ja, dass wir ein Team waren und dass es ohne ihn viel langsamer gegangen wäre. Sie sind sicher mit mir einig, dass diese schöne Erfahrung auch einen zeitlichen Mehraufwand wert gewesen wäre.

6.2. Charakter

Schwieriger noch als das mangelnde Vertrauen in die Belastbarkeit, in die Leistungsfähigkeit und -willigkeit der Kinder ist es, dass Erwachsene davon ausgehen, dass Kinder einen weniger guten Charakter als sie selber hätten, weniger edle Motive als sie selber, sich so oder anders zu verhalten.

Wenn ein Kind in der Schule die Leistung nicht bringt, dann sind Erwachsene schnell bereit, dem Kind negative Etiketten anzuhängen wie faul, desinteressiert, dumm, unselbständig usw. Bei genauerer Betrachtung hat das Kind in den meisten Fällen gute Gründe, warum es einen Stoff meidet oder warum es gewisse Dinge wichtig oder unwichtig findet. Ich habe die Überlegungen dazu im Büchlein «Lernen statt pauken» dargestellt. Hier geht es mehr darum, dass wir Erwachsenen zu einem neuen Respekt vor den Kindern finden.

Stellen Sie sich eine Vierzehnjährige vor, die in Französisch wiederholt schlechte Noten schreibt und trotz grossem Einsatz vergeblich auf einen Erfolg wartet. Vielleicht kommt dazu, dass die Eltern das Fach unnötig finden und die Lehrkraft unfähig. Trotz all dieser demotivierenden Umstände erwarten die Erwachsenen vom Kind, dass es täglich das Unmögliche versucht, ansonsten es als faul bezeichnet wird und sogar als dumm, weil es sich die Zukunft verbaut. «Dabei könnte sie schon, wenn sie sich ein bisschen mehr Mühe gäbe...»

Ich halte dafür, dass Kinder für ihr Verhalten meist gute Gründe haben und dass es Sinn macht, ihnen diese nicht abzusprechen. Oft sind sie weniger geschickt, ihr Verhalten gesellschaftskonform zu begründen oder ihre vielleicht auch mal fragwürdigen Motive zu verschleiern, aber ich glaube nicht, dass Kinder weniger edel denken als Erwachsene.

Es steht ausser Zweifel: Ganz oft verstehen wir nicht, wie unsere Mitmenschen handeln. Wir schütteln die Köpfe und interpretieren. Ganz oft gehen wir dann von negativen Beweggründen aus. Was denken Sie zum Beispiel, wenn jemand in der Warteschlange plötzlich vor Ihnen steht? Denken Sie zunächst an Irrtum oder an Absicht? Unser erster Gedanke hat mehr mit uns selber zu tun, als mit dem, der vielleicht das Ende der Schlange an einem anderen Ort wahrgenommen hat. Und wir sind im Auge des Sturms angekommen, wo wir uns durch Misstrauen vor möglichen Verletzungen schützen möchten oder verhindern, dass wir zu kurz kommen. Noch immer steht der Herr vor uns in der Schlange. Wie schön, wenn wir von der positiven Variante ausgegangen sind. Wie gelassen können wir da warten. Nun, bei Erwachsenen sind wir noch eher geneigt, auch einmal positiv zu denken. Bei Kindern und Jugendlichen sind wir noch schneller und absoluter mit unseren Urteilen.

«Unser neunjähriger Yvo schlägt dauernd seinen kleinen Bruder – ohne irgendeinen Grund!» So oder ähnlich höre ich oft Eltern klagen. Und die wenigsten machen sich bewusst, was für eine ungeheure Aussage das ist. Das Problem ist doch, dass wir den Grund nicht sehen und Yvo manchmal selber nicht. Aber es gibt ihn, und wenn wir es uns verbieten, schlecht übereinander zu denken, haben wir eine bessere Chance einander zu verstehen. Yvo geht es vielleicht so wie vielen Erwachsenen auch, wenn sie frustriert werden. Die Aggression staut sich auf und sucht einen Ausgang. Vielleicht wurde er auf dem Heimweg gehänselt und sah keine Möglichkeit sich zu wehren. Die aufgestaute Aggression scannt die Umgebung ab, wo sie ein Ziel findet. Und dann reicht vielleicht ein Grinsen, das man falsch interpretieren kann, schon aus, dass sich die Aggression entladen kann. Kinder unterscheiden sich in diesem Punkt nicht von Erwachsenen. Nicht selten sind auch bei ihnen die

Kinder Blitzableiter für Aggressionen, die ihre Quelle woanders haben. Leider kennen wir in unserer Kultur keine Formen mehr, wie man Frustration und die manchmal daraus folgende Aggression zeigen und loswerden kann, so dass nicht andere zu Schaden kommen. Kinder können das noch: Sie stampfen mit dem Fuss auf oder ähnlich. Gehören Sie auch zu den Eltern, die den Kindern das ausgetrieben haben? Ich schon, und es tut mir leid. Genau wie die Kraftausdrücke. Die habe ich auch verboten. Wir müssen uns also nicht wundern, wenn die Aggression sich so entlädt wie bei Yvo. Er kommt unter Druck, wird bestraft, und den Eltern ist es vielleicht nicht bewusst, dass ihre eigene Reaktion ganz verschieden ausfällt, je nachdem, wieviel Frust und Aggression sie selber mit sich herumtragen.

«Pass doch auf!», höre ich einen älteren Herrn sagen, dem ein Joghurt über die Hose geschüttet wurde. «Entschuldigung, es tut mir leid, es ist mein Joghurt», sagt die Mutter. «Oha, ich dachte, es sei der Junge gewesen. Verzeihen Sie meine grobe Reaktion.»

Glauben Sie, dass dieser frei erfundene Dialog sich so abspielen könnte? Dieser Herr hat offensichtlich gedacht, der Junge hätte das leichtfertig oder gar absichtlich gemacht. Bei der Mutter wäre er nie auf die Idee gekommen. Was muss man davon halten? Ist es nicht so, dass auch heute noch Kinder laufend angefeindet werden, dass man ihnen alles Mögliche unterstellt – Jungen noch mehr als Mädchen – und dass sie oft als Ventil für den elterlichen Frust herhalten müssen?

Wenn Sie diesen Überlegungen folgen wollen, wenn Sie wie ich spüren, dass das nicht okay ist, weil Kinder wirklich gleichwürdige Wesen sind, stellt sich die Frage, wie sich denn das auf den Erziehungsalltag auswirken könnte bzw. sollte.

Wir alle sollten wieder nicht-verletzende Weisen einüben, wie wir mit unserem Frust, mit unserer Aggression umgehen wollen. Dann wäre es einfacher auf etwas zu verzichten, das kaum je etwas Positives auslöst: auf das Schimpfen ganz allgemein. Wir wären dann auch eher in der Lage, Jungen wie Yvo zu beraten. Vielleicht so: «Komm nach der Schule zuerst zu mir, damit du mir erzählen kannst, wie es in der Schule war.» Ich selber würde Yvo wohl anraten zu schreien, wenn er frustriert ist. Je nach Situation kann man das pantomimisch oder lauthals tun. Mich entlastet schreien sehr. Ich habe mir das wieder neu angewöhnt, nachdem meine Eltern es mir einst ausgetrieben hatten. Ich habe erkannt, dass ich so weniger in Versuchung komme, meinen Frust an anderen abzureagieren. Diese einfache Massnahme hatte einen wundersamen Einfluss auf das, was wir Charakter nennen. Ich gelte seither als ruhiger. Ich hoffe, Sie haben das Augenzwinkern bemerkt.

Zurück zum Thema: Wenn wir davon ausgehen, dass Kinder wie Erwachsene in der Regel achtbare oder mindestens nachvollziehbare Gründe haben etwas zu tun, sollten wir eigentlich darauf verzichten, sie in erzieherischer Absicht zu beschimpfen, schon gar nicht bei einem Missgeschick.

Ich erinnere mich an ein fünfzehnjähriges Mädchen, das bei uns kurzzeitig notfallplatziert war. Ich lieh ihr meinen MP3-Player aus und hörte dann von meiner Frau, dass im Glas des Displays ein Riss sei. Das Mädchen habe sich im Zimmer eingeschlossen und weine hemmungslos. Es dauerte eine geraume Zeit, bis sie mir glaubte, dass ich zwar über den MP3-Player trauere, dass ich aber nicht wütend auf sie sei. Sie wartete immer auf Vorwürfe und Beschimpfungen und war sehr irritiert, dass diese nicht kamen. Nun, hier fiel es mir nicht schwer, auf Vorwürfe zu verzichten, aber ich will Ihnen erzählen, dass ich meinen spontanen Reaktionen auch nicht immer trauen kann:

Ich habe kürzlich als Begleiter an einem Klassenlager teilgenommen. Dabei entwickelte sich zu einem Jungen eine besonders herzliche Beziehung. Er suchte immer wieder das Gespräch mit mir, bewunderte meine Videokamera, meinen Laptop und wollte zu vielen Dingen meine Meinung wissen. Eines Tages, er war gerade beim Packen, sagte ich, nachdem ich es ihm fünf Minuten vorher schon einmal gesagt hatte und alle andern ihre Matten zwischenzeitlich weggetragen hatten: «Stefan, du solltest jetzt deine Matratze ins Depot tragen wie alle andern.» Er fuhr fort, seine Sachen liebevoll zusammenzufalten, und sagte nur: «Ich bin jetzt am Packen.» Nun, ich hätte ja jetzt äusserlich allen Grund gehabt ihm vorzuwerfen, dass er rebellisch und egoistisch sei. Ich hätte Druck machen können, hätte laut werden können und hätte mich wahrscheinlich auch durchgesetzt. (Bis noch vor nicht langer Zeit hätte ich das wohl auch gemacht, aber wenn man schon Bücher über Erziehung schreibt, muss man konsequent sein...) Mehr noch: Ich hätte sein bisheriges Verhalten mir gegenüber uminterpretieren können als das Suchen nach Vorteilen, als ein «Einschleimen», wie diese Generation das nennt. Ich habe darauf verzichtet und bin weggegangen. Ich weiss nicht, wer dann schliesslich seine Matratze versorgte. Aber jemand tat es. Ich habe ihn nämlich machen lassen in der Meinung, dass er gute und achtbare Gründe habe, sich so zu verhalten. Ich hatte keine Zeit, mit ihm ein Gespräch zu führen über diese Gründe und so auf eine positive Art Einfluss auf ihn zu nehmen. Ich hatte keine Zeit, ihm meine Sicht der Dinge in Ruhe darzulegen. Deshalb verzichtete ich überhaupt darauf. Noch am gleichen Abend begegnete er mir so, als ob nichts geschehen wäre, und ich tat es ihm gleich. Ich bin froh, dass es mir gelang, sein Verhalten nicht negativ zu interpretieren.

Ich habe im Laufe dieses Lagers bei andern Gelegenheiten erkannt, wie schwierig es für Kinder dieser Generation ist, ein ausgewogenes Selbstbewusstsein zu entwickeln.

Zwei Beispiele:

- «Wem gehört diese Jacke?» Ein Schüler hebt die Hand und wie selbstverständlich bringt der Lehrer die Jacke dem Schüler, der am Platz wartet.
- Ich gebe einen Sack mit PET-Flaschen einer Schülerin mit der Aufforderung: «Trag bitte diesen Sack nach unten.» «Wieso gerade ich?» «Wieso gerade nicht du?» «Sie können ihn ja selber hinuntertragen.»

In beiden Fällen stieg zuerst Zorn in mir hoch – ich gebe es zu – dann aber meldete sich Gott sei Dank schnell wieder meine Vernunft, die sagte: «Wieso soll ein Kind in der heutigen Zeit nicht so denken? Es ist doch absolut logisch, dass Kinder sich selber wichtiger nehmen als wir damals. Wer es erlebt, dass er bedient wird, Forderungen stellen kann, frei ist zu kritisieren und zu beschimpfen, der hat doch wohl auch das Recht sich zu fragen, warum der Lehrer den Sack nicht selber hinuntertragen kann.» Es ist unfair, einem Kind mangelnden Respekt vorzuwerfen, nachdem es eine Kindheit lang von Erwachsenen unzählige Unterordnungssignale erhalten hat und diese lieber selber alles machen, als den Widerstand der Kinder herauszufordern. Ich sagte ihr dann, dass das schon der zweite, diesmal der leichtere Sack sei. Das überzeugte sie.

Es wurde mir schmerzlich bewusst, dass man als Gast in einem Klassenlager nicht die Position hat, Kinder nachhaltig zu beeinflussen. Es fehlen ja weitgehend die Bindungskräfte – ja im Gegenteil: Vielen Jugendlichen sind Lehrkräfte gerade ein Dorn im Auge, weil sie immer wieder versuchen ihnen zu sagen, was sie zu tun und zu lassen haben. So entschied ich mich denn, gute Miene zu machen – nicht zu einem bösen Spiel, sondern zu einem Spiel, in dem man nicht die Schauspieler verantwortlich machen sollte für die Rolle, in die sie hineingeraten sind. Aber ich wurde gestärkt in meiner Überzeugung: Das

Join-up-Prinzip muss den Menschen bekannt gemacht werden. Das ist besser, als die Kinder zu verurteilen.

Ein Ort, wo vielleicht am häufigsten geschimpft wird und Vorwürfe laut werden, ist derjenige hinter einem Jugendlichen, der vor einem Bildschirm sitzt und seit einiger Zeit die Welt um sich herum vergessen hat. Wir wollen auch hier versuchen zu verstehen, anstatt zu urteilen.

Ein Jugendlicher, den man fast nicht vom Internet-Chat wegbringt, ist vielleicht gar nicht computersüchtig, sondern hat womöglich nur Angst, dass er in der Gruppe nicht mehr akzeptiert ist, wenn er sich aus dem Chat ausklinkt. Anstatt ihm Vorwürfe zu machen, weil er ungehorsam ist, sich nicht an Abmachungen hält, nicht weiss, was für ihn gut ist usw., wäre man als Eltern gut beraten, ein Kind zu fragen, warum es nicht aufhören kann. Vielleicht gäbe es dann konstruktivere Gespräche, und daraus entstünden wahrscheinlich bessere Möglichkeiten, das Kind zu stützen in seiner Angst vor dem Vereinsamen. Ein Kind, das sich verstanden fühlt, wird eher im Join-up leben wollen als eines, das sich unverstanden fühlt – ja, nicht nur unverstanden, sondern laufend angegriffen, obwohl es doch nur das tut, was es selber für wichtig und richtig hält.

Ein Kind, das nicht zum Tisch kommen will, ist vielleicht gar nicht nur ungehorsam, sondern es spürt womöglich, dass ihm das Essen nicht gut tut, weil oft eine aggressive Stimmung herrscht. Auch hier wären wir als Erwachsene gut beraten uns zu fragen, warum sich das Kind so verhält. Die Warum-Frage wird von Eltern zwar oft gestellt, aber in einem Ton, der die Antwort schon vorwegnimmt, weil mit der Frage das Urteil schon im Raum steht: «Es gibt für ein solches Verhalten gar keinen Grund. Genau das will ich dir mit meiner Frage bewusst machen. Wenn du dir überlegen würdest, warum du das tust, würdest du mit Sicherheit davon abkommen.»

Ich möchte hier deshalb zu einem neuen Umgang mit unsern Kindern aufrufen, zu einem, der dem Kind sagt: «Ich gehe davon aus, dass du gute Gründe hast, dich so und so zu verhalten, aber ich rücke noch ein paar andere Argumente in dein Blickfeld.»

Also: Anstatt Schüler, die im Klassenlager erst nach dreimaligem energischem Ermahnen aufstehen und zehn Minuten zu spät zum Essen kommen, als faul und unerzogen zu beschimpfen, könnte man sagen: «Schaut, wir möchten gemeinsam und pünktlich essen. Wer nicht pünktlich erscheint, erledigt den Abwasch, und die dafür eingeteilten haben frei.» Nun, je nach Klassenklima muss man eine solche Regel so oder anders setzen. Aber diese Regel macht aus den gleichen Schülern solche, die sich korrekt verhalten. Die Schüler haben sich charakterlich nicht verändert, keine Entwicklung durchgemacht – nichts dergleichen. Sie haben einfach andere Argumente, die sie abwägen.

Fühlen wir uns ein: Ich liege im Schlafsack, hier ist es warm, wenn ich aufstehe, wird mir kalt sein. Wenn ich jetzt ins Bad gehe, ist ein Gedränge. In zehn Minuten wird es ruhiger sein. Es ist so schön, im warmen Schlafsack über den Tag nachzudenken. Oder auch: Wenn ich ins Bad gehe, wenn die andern noch da sind, lachen mich alle aus, weil ich... Gleichzeitig spürt das Kind, dass es ja eigentlich aufstehen sollte. Im Inneren findet ein Kampf statt, der unangenehm ist und die wohlige Wärme längst überdeckt hat. Dieses Ringen kann lange dauern. Kommt dann der Lehrer in energischem Ton, dann verändert sich die Lage, und das Kind steht auf, nicht ohne sich selber abgewertet zu fühlen und vielleicht gleichzeitig ungute Gefühle gegenüber dem Lehrer zu haben, der kein Verständnis hat.

Im zweiten Fall ist es anders. Ein neues Argument ist da: Ich will auf keinen Fall den Abwasch machen müssen, womöglich noch ganz allein. Also raffe ich mich auf, auch wenn es im Moment unangenehm ist.

Ein Kind nicht zu führen und ihm nachher einen schlechten Charakter vorzuwerfen, halte ich für ausgesprochen unfair. Unfair und auch heuchlerisch, denn wir Erwachsenen handeln im Grunde genau gleich. Auch wir verändern unsern Charakter scheinbar, wenn wir wissen, dass die Bussen für zu schnelles Fahren massiv aufgeschlagen haben. Ein Mann, der um eine Frau wirbt, verhält sich anders als einer, der denkt, er hätte sie auf sicher. Notabene: Der Charakter hat sich nicht geändert, nur die Situation.

So halte ich denn dafür, dass wir für unsere Kinder Situationen schaffen, die sie zum Guten führen, und aufhören, über ihren Charakter zu lamentieren.

Gehen wir davon aus, dass unsere Kinder charakterlich wohl etwa ähnlich sind wie wir selber, für sie aber je nachdem andere Motive handlungsleitend sind. Führen heisst nun: Schaffen wir – möglichst im Konsens mit ihnen – neue Motive, die ihnen helfen, sich korrekt zu verhalten.

Nutzen wir dabei ihre positiven Kräfte: ihre Bindungskräfte, ihren Willen zu gestalten, ihre Sehnsucht nach Sinn, und hören wir auf, mit negativen Kräften zu führen. Kinder sollen kooperieren, weil sie das selber wollen, weil sie spüren, dass es für sie das Beste ist, und nicht aus Angst vor Abwertung und Demütigung, vor Liebesentzug oder körperlicher Gewalt.

Das eine kann man als «Führen durch Vertrauen» oder eben als Führen im Join-up bezeichnen, das andere muss man als manipulativ und entwürdigend ablehnen, und vielleicht ist es gut, dass Kinder sich dieser Art Führung mehr und mehr entziehen. Hüten wir uns davor, das vorschnell als Rebellion zu bezeichnen.

Man kommt ja auch eher selten auf die Idee, Erwachsene zu beschimpfen. Und wenn es passiert, dann merken alle, dass es eigentlich nicht besonders edel ist. Sie mögen einwenden: Kann man denn Kinder erziehen, ohne sie zurechtzuweisen? Nein! Aber eben, das «Zu-Recht-Weisen» kann ja verschieden geschehen. Wir haben bis jetzt im Buch zu zeigen versucht, dass es darum geht, die Umstände so zu gestalten, dass die Kinder «zum richtigen Verhalten gewiesen» werden. Zurechtweisung muss ja nicht einhergehen mit negativen Rückmeldungen. Wir dürfen, ja sollen den Ausdruck wörtlich nehmen in dem Sinn, dass wir Kindern den Weg zum Richtigen und Guten weisen. Das ist ja mit einem Vorwurf noch nicht erreicht. Ja oft hindern wir ein Kind mit unsern Vorwürfen daran, auf unsere «Zu-Recht-Weisung» zu hören. Gerne meinen wir als Erwachsene vorschnell zu wissen, was denn ein Kind bewegt. Hier möchte ich uns allen ans Herz legen: Lasst uns doch lernen, zu verstehen anstatt zu urteilen.

6.3. Verstehen statt urteilen

Dieses biblische Prinzip gilt in der Erziehung besonders: Richtet nicht, auf dass ihr nicht gerichtet werdet.

Wenn wir davon ausgehen, dass Kinder für ihr Verhalten so achtbare Gründe haben wie wir selber, dann reduziert sich die Erziehungsarbeit im Wesentlichen auf das Gestalten eines positiven Zusammenlebens und darauf, dass wir uns selber entwickeln.

Wenn ein Kind erlebt, dass die Erwachsenen sich das Recht nehmen, das Verhalten ihrer Kinder negativ zu interpretieren, und je nach Autorität und Macht an ihrer Meinung festhalten, auch wenn ein Kind sich rechtfertigen will, ist das nicht harmlos. Im Kind wird sich die Erkenntnis festsetzen, dass nur Macht und Stärke einen vor der Willkür der andern schützt. Der Schritt, selber Schwächere zu verurteilen anstatt sie verstehen zu wollen, ist dann nicht mehr weit.

Wenn wir wollen, dass unsere Kinder sich uns vertrauensvoll unterordnen, dann müssen wir sie erleben lassen, dass sie trotz der Unterordnung oder gerade deshalb gleichwürdige Partner bleiben, die respektiert und geachtet werden.

Ein Beispiel

Oft kommt es vor in unseren Kursen, dass Eltern sagen: «Ja, das leuchtet mir alles ein, aber weisst du, unser Sohn ist erst zweieinhalb, wie kann ich mit ihm das alles umsetzen?» Diesen Eltern zuliebe und allen andern, die denken, dass die Würde des Menschen irgendwann im Laufe des Erdenlebens beginne, möchte ich die folgende Situation schildern. Es ist kein spektakuläres Beispiel. Es erzählt von einer alltäglichen, liebevollen Szene. Es gibt in Ihrer Erinnerung vermutlich eine Fülle von Beispielen, wo die Würde der Kinder geringer eingeschätzt wird als hier. Ich erzähle sie gerade deshalb. Ich möchte Ihren Blick schärfen dafür, wie sich dieses Phänomen auch in guten Eltern-Kind-Beziehungen zeigt.

Ich sitze im Freundeskreis und beobachte eine Mutter, die einen herzigen Knirps von bald drei Jahren – nennen wir ihn Marcel – auf den Knien schaukelt. Plötzlich fährt dieser mit der Hand nicht zum, sondern in den Mund, worauf die Mutter energisch sagt: «Nein, Marcel, nimm deine Hand aus dem Mund. Das macht man doch nicht!» Und zu mir gewandt: «Ich weiss auch nicht, was das für eine Mode ist. Seit ein paar Tagen steckt er dauernd seine Hand in den Mund.» Während sie noch spricht, nimmt sie die Hand des Jungen aus seinem Mund, worauf dieser sie lachend wieder dorthin zurückführt. So geht das eine Weile hin und her, bis die Mutter energisch, aber liebevoll sagt: «Also, wenn du nicht gehorchen willst, dann möchte ich dich auch nicht auf meinen Knien.» Sie setzt ihn auf einen Stuhl und wendet sich mir wieder zu. Der Junge ist mit dieser Entwicklung nicht einverstanden und will zurück auf Mamas Knie. Diese lässt es zu, wohl in der Hoffnung, dass er einlenken will. Weit gefehlt. Der Junge will lediglich das Spiel wieder spielen: Hand rein, Hand raus... Die Mutter scheint das zu verstehen, und sie sagt einfach: «Okay, dann lass ich dich halt, aber wenn du sprichst, dann musst du die Hand herausnehmen, okay?» Damit ist das Ganze für den Moment überwunden. Ohne Geschrei, mit viel Humor und Charme sind beide wieder zufrieden.

Eifrige Erzieher könnten jetzt einwenden, dass diese Mutter nicht konsequent gewesen sei und sich deshalb nicht wundern müsse, wenn der Junge das Machtspielchen wieder anfange, um es schliesslich zu gewinnen. Ich kann ihnen nicht zustimmen, denn diese Mutter hat aus ihrem Herzen heraus goldrichtig gehandelt. Sie wurde nicht zur Sklavin irgendwelcher Erziehungsprinzipien.

Ich möchte Sie einladen, die Idee eines Machtkampfes zu hinterfragen. Schon allein deshalb, weil sie Marcel unterstellt, dass er daran interessiert sei, mit seiner Mami einen Machtkampf zu führen. Dieses Denkmuster spielt ja bei der Interpretation von kindlichem Handeln eine grosse Rolle. Ich möchte Sie einladen, die Sache neu zu sehen, so, dass die scheinbar inkonsequente Handlung dieser Mutter wesentlich hilfreicher ist als das Durchsetzen ihres Willens und dass es Marcel so viel leichter fällt, im Join-up mit seiner Mutter zu sein und zu bleiben.

Gehen wir davon aus, dass der Junge ganz einfach Lust hatte, seine Hand in den Mund zu stecken. Andere Kinder nehmen in dieser Situation vielleicht den Daumen. Dinge in den Mund zu nehmen, ist lustvoll, das wissen alle, die Kaugummis lieben oder gerne Schreibzeug zwischen die Lippen klemmen. Warum sollte Marcel das nicht auch tun? Die Lust steigerte sich noch dadurch, dass die Mutter die Hand herauszog, er sie wieder hineinsteckte und so fort. Leider mischte sich da plötzlich etwas Negatives hinein. Was sagte da die Mutter? Man mache das nicht? Nun, Marcel hatte schon oft beobachtet, wie Erwachsene mit dem Zahnstocher hantieren oder gar von Hand nach Speiseresten fischen. Was konnte daran also falsch sein? Und warum dieser plötzliche Sinneswandel? Eine Zeit lang schien es Mami ja selber Spass zu machen. Und ausserdem konnte er ja gut sprechen, auch wenn er die Hand im Mund hatte.

Wären dieser liebevollen Mutter die Zusammenhänge des Join-up-Konzepts bewusst gewesen, dürfte ich die gleiche Geschichte vielleicht so erzählen: Die Mama fragte den Sprössling: «Ist das schön, die Hand in den Mund zu stecken?» «Ja!» «Okay, das begreife ich. Aber wenn du bei mir auf den Knien sitzest, will ich es nicht. Ich sag dir wieso: Wenn ich mit dir sprechen will, verstehe ich dich nicht so gut, und zweitens hast du so immer nasse Hände. Das ekelt mich ein bisschen. Möchtest du noch ein bisschen die Hand in den Mund stecken oder mir auf den Knien sitzen?» Ich bin überzeugt, der Junge hätte sich dafür entschieden, bei der Mama zu bleiben. Vielleicht hätte er einen Versuch gemacht, doch noch beides unter einen Hut zu bringen. Er hätte also die Hand diskret doch noch reingesteckt. Die Mutter wäre nicht böse geworden, sondern hätte sich erinnert, wie sie selber auch öfters versucht, unvereinbare Dinge zu vereinen, zum Beispiel noch eine Praline zu nehmen und doch nicht zuzunehmen oder doch noch rasch etwas zu erledigen vor dem Gang zum Bus und dann doch nicht hetzen zu müssen usw. Sie hätte sich also ganz schnell daran erinnert und sich gefragt, wie sie ihren Sohn jetzt optimal unterstützen könnte, damit er mit solchen Dingen vielleicht einmal besser umgehen lernte. Und sie hätte ihn liebevoll auf einen Stuhl gesetzt und gesagt: «Ich sehe, dir ist es jetzt wichtiger, ein bisschen die Hand im Mund zu haben. Das ist okay für mich.» Sie wäre dann aufgestanden, um ja zu verhindern, dass Marcel einen erneuten Versuch unternimmt, beide Lustgewinne zu kombinieren. Marcel hätte dabei Folgendes gelernt: 1. Mama hat Verständnis für mich. Sie verbietet mir nicht grundlos, was Spass macht und Lust bereitet. 2. Wenn man die Nähe anderer will, muss man deren Bedürfnisse berücksichtigen. 3. Ich muss schauen, dass ich die Hand nur noch diskret lutsche, so dass es Mami nicht stört. Vielleicht wäre hier so der Grundstein gelegt worden, dass Marcel sich dereinst leichter und vor allem von sich aus von gewissen Gewohnheiten wird trennen können, wenn es die Freundin stört.

Können Sie sich vorstellen, dass es so hätte ablaufen können? Nun, das wäre im Vergleich zum tatsächlichen Ablauf ein vergleichsweise kleiner Unterschied. Ich möchte deshalb noch zur Illustration erzählen, wie die Geschichte auch hätte enden können. Setzen wir dort ein, wo Marcel zurückgekrochen ist auf Mamas Schoss, und nehmen wir an, die Mutter wäre auf die unselige Idee gekommen, in seinem Verhalten einen Machtkampf zu sehen. Sie hätte den Jungen, der gerne das Spiel «Hand raus, Hand rein» wieder aufgenommen hätte, brüsk auf den Boden gestellt und gesagt: «Was habe ich jetzt eben gesagt? Kannst du denn eigentlich nicht hören? Ich will nicht dieses Gesabber. Immer willst du deinen Kopf durchsetzen. Mama hat gar keine Freude. Geh jetzt auf dein Zimmer!» Ich denke, Sie können sich mit mir in Marcel einfühlen, der die Welt nicht mehr versteht. Was war denn Schlimmes geschehen? Warum wurde er so angefeindet? Lange noch bevor Marcel das Join-up verlässt, weil ihm das Vertrauen fehlt, dass sein Mami das Beste für ihn will, wird er feststellen, dass sie ihm misstraut, dass sie ihm unterstellt, ihr wehtun zu wollen, sie wütend machen zu wollen, indem er sich ihr einfach zum Spass widersetzt. Lange noch bevor er selber seiner Mami misstraut, muss er mit ihrem Misstrauen umgehen lernen. Zu diesem undramatischen alltäglichen Geschehen werden sich viele gleichartige gesellen: «Wieso hast du wieder in die Hose gemacht? Manchmal denke ich, du machest es absichtlich, nur damit ich mehr Arbeit habe!» Und zu ihrem Mann gewandt: «Weisst du, ich muss ihn oft zurechtweisen, weil er dauernd den kleinen Bruder plagt. Jetzt hat er angefangen, jedes Mal in die Hose zu machen.» Ich nehme an, Sie können die Schlüsse jetzt selber ziehen: Dieser Junge (ich mag ihn nicht mehr Marcel nennen, weil ich Marcel ja kenne) würde zu Recht zur Erkenntnis kommen: «Was hat es für einen Sinn sich zu bemühen? Mein kleiner Bruder macht mir meine Spielsachen kaputt, und wenn ich ihn erziehe – genauso wie Mami es macht – werde ich beschimpft. Das macht mich so traurig und manchmal auch wütend. Dazu kommt, dass ich in meinem Frust und in meiner Wut regelmässig in die Hose mache. Dann wird Mami noch mehr böse mit mir, obwohl ich doch gar nichts dafür kann.» Diese Schlussfolgerung ist noch einigermassen gesund. Sie wird ihn zwar mit der Zeit aus dem Join-up drängen, aber das geht ja den meisten Kindern so. Nein, schlimmer wäre es, wenn er das Urteil der Mutter für sich übernähme und zum Schluss käme, wirklich nicht liebenswert zu sein. In seiner Not würde er je nachdem kriecherisch oder rebellisch. Er würde Rachegedanken entwickeln und dann wirklich seinen Bruder plagen und sich wenn möglich nicht erwischen lassen. Er würde das Konzept der Notlüge entwickeln, um sich in diesem garstigen Umfeld behaupten zu können. Und plötzlich wären die Unterstellungen der Mutter berechtigt. Ein schwieriges Kind wäre entstanden. Und ich würde dann dieser Mutter gerne sagen: «Bitte lesen Sie mein Buch von hinten nach vorne! Die Gefahr ist so kleiner, dass Sie die Join-up-Intervention missbrauchen, um Ihr Kind gefügig zu machen. Fangen Sie lieber zuerst damit an, Ihrem Kind neu Vertrauen zu schenken, es so zu behandeln, als ob es schon im Join-up wäre. Fangen Sie an, so gut über Ihr Kind zu denken wie über sich selber. Geben Sie ihm einen Rahmen, wo es nicht mehr angefeindet wird, und dann, erst dann, lesen Sie das Kapitel über die Join-up-Intervention nochmals durch.»

Gestatten Sie mir noch ein Wort zum Thema Lust. Viele Eltern hindern, ohne sich dessen bewusst zu sein, ihre Kinder daran, sich Lust zu verschaffen. Gleichzeitig machen wir Erwachsenen aber viel, um uns selber Lust zu bereiten. Kindern wird verboten, den Daumen in den Mund zu stecken (anatomisch und gesundheitlich wohl begründet), selbst von jenen Eltern, die ihrerseits rauchen oder öfters zur Schokoladen-Schublade gehen. Verstehen Sie mich recht, ich will hier keineswegs das Daumenlutschen propagieren, aber ich wünsche mir, dass es ein Ende hat, mit unterschiedlichen Ellen zu messen, weil es das Vertrauen der Kinder untergräbt und sie aus dem Join-up treibt. Es gibt Kinder, die erleben, dass die Eltern ihnen zwei Kekse zugestehen, selber aber munter zugreifen. Ihnen kommen wahrscheinlich selber noch viele Beispiele in den Sinn, wo Eltern zu Recht in den Verdacht kommen, ihren Kindern Dinge zu verbieten, die sie sich selber gönnen. «Ja, wissen Sie, wenn ich mein Kind machen liesse, dann würde es Kekse in sich hineinstopfen bis zum Gehtnichtmehr. Ich kenne es», mag eine Mutter zu Recht einwenden. Fragt sich nur, was hier Huhn ist und was Ei. Ein Kind, dem man jedes Mal sagt: «Du darfst höchstens zwei Kekse nehmen», wird die Gelegenheit nicht ungenutzt verstreichen lassen, wenn Mami es einmal zu sagen vergisst. Es macht ja nur das, was man von ihm erwartet: masslos sein. Andere Kinder lernen ganz natürlich Mass zu halten, weil man es von ihnen erwartet und vielleicht einmal erstaunt einfordert, wenn es dem Kind nicht gelingt, die Gier zu bremsen. Gut, selbstverständlich gibt es da auch noch Sachzwänge, und der eine oder andere Genuss ist tatsächlich nicht für Kinder, aber ich halte dafür, dass wir den Kindern dasselbe Recht zugestehen, Lust und Spass zu haben, wie uns Erwachsenen. Und schon gar nicht darf es sein, dass das Bedürfnis dazu mit einem schlechten Gewissen belegt wird. Gerade wenn es ums Essen geht, wird da oft mit verschiedenen Ellen gemessen.

Oha, jetzt bin ich ein bisschen vom Thema abgekommen. Es geht ja hier nicht um die Genusserziehung im engeren Sinne, sondern um die Tatsache, dass Erwachsene dazu neigen, den Kindern in vielen Lebensbereichen zu misstrauen. Sie leben ständig in der Angst davor, dass die Kinder kein Mass finden, weil sie unfähig sind sich zu steuern, und dass sie blind in jede Falle laufen, vor der sie die Eltern nicht warnen. Kaum sehen sie ihr Kind mit einer Zigarette, suchen sie schon nach der Adresse des Drogenberaters. Haben Sie sich schon einmal überlegt, wie es Ihnen zumute wäre, wenn Ihr Ehepartner bzw. Ihre Ehepartnerin eines Abends auf Sie zukäme: «Schau, ich muss es jetzt einfach wissen. Immer wieder bist du abends alleine unterwegs. Du sagst zwar, dass ..., aber ich werde den Gedanken nicht los, dass du eine andere Beziehung hast.» Spüren Sie, wie weh das tut? Spüren Sie, dass eine Ehe sehr gut sein muss, wenn sie durch eine solche Szene nicht dauerhaft Schaden nehmen soll? Nun, Kinder sind laufend solchen Unterstellungen ausgesetzt. Kommen sie ohne Aufgaben in die Schule und sagen: «Ich habe das Blatt zu Hause vergessen», müssen sie hören: «Das glaube ich dir nicht. Geh nach Hause und hole es!» Sie werden vielleicht denken: «Ja, manchmal stimmt es ja auch!» Nun, ich möchte Ihnen empfehlen, Ihren Kindern zu glauben, auch im Wissen, dass sie manchmal nicht die Wahrheit sagen, wie die Erwachsenen auch. Ich jedenfalls war sehr froh, dass die Bäckerin mir die Gipfeli für den Geburtstags-Znüni im Lehrerzimmer auch ohne Geld mitgab und ohne, dass ich meine Identitätskarte hätte zeigen müssen...

Wenn wir wollen, dass unsere Kinder ins Join-up kommen oder darin bleiben, dann müssen wir ihnen – was ihren Charakter angeht – das gleiche Vertrauen entgegenbringen wie Erwachsenen. Wenn Sie jetzt denken, dass die Erwachsenen einander ja auch oft misstrauen, dann haben Sie recht. Es gab wohl noch nie eine Zeit in der Menschheitsgeschichte, wo das Misstrauen der Menschen untereinander so groteske Auswirkungen hatte wie im Jahre 2008, wo ich am Schreiben dieses Buches bin. Es ist kein Meteorit eingeschlagen, kein Erdbeben hat den Globus erschüttert, kein Weltkrieg, keine Energiekrise, nein, sondern allein das Misstrauen der Banken untereinander, der Gläubiger gegenüber den Schuldnern und der Anleger gegenüber den Banken ist dabei, unsere ganze Zivilisation ins Wanken zu bringen. Und zwar so tiefgreifend, dass die Regierungen Beträge bereitstellen, von denen kaum jemand geahnt hätte, dass sie überhaupt vorhanden sind. Misstrauen vertreibt die Menschen aus dem Join-up. Das ist in der Familie so, aber auch in der Wirtschaft und in der Gesellschaft. Vielleicht liegt es an unserer Art der Erziehung, dass die Menschen mit dem unseligen Verdacht durchs Leben gehen, sie gehörten zu den wenigen Menschen, denen man trauen könne, und dass Misstrauen gesünder sei, als ab und zu etwas einstecken zu müssen.

Kinder im Join-up, denen man nicht genug Vertrauen schenkt und deren Bedürfnisse man ohne Not übersieht bzw. nicht ernst nimmt, werden eher früher als später das Join-up verlassen. Sie werden zwar nicht aufhören, die Eltern zu lieben, aber sie werden sich nur noch unter Druck den Anordnungen der Eltern beugen. Und dann werden die Erwachsenen für die Situation Wörter brauchen, die dem Kind die Verantwortung zuschieben: Solange das Kind klein ist, heisst es «Trotzphase», später «Pubertät». Wie an anderer Stelle schon erwähnt, sind das Phänomene, die verschleiern, dass es sich um Beziehungsprobleme, um Führungsprobleme handelt und nicht um Entwicklungsprobleme, wenngleich es offensichtlich ist, dass Kinder sich in gewissen Entwicklungsphasen eher aus dem Join-up verabschieden, wenn die Umstände danach sind.

Kommen wir zum Schluss dieses Kapitels noch auf etwas zu sprechen, was zu einer guten Führung gehört und mithilft, die Join-up-Beziehung zu erhalten. Es ist die Botschaft: «Ich stehe zu dem, was ich dir sage. Ich sage das nicht nur, weil es alle sagen.» Es geht darum, dass ein Kind die Eltern als echt wahrnehmen kann.

Kinder wollen keine Erziehungsroboter um sich haben, sondern Menschen aus Fleisch und Blut. Sie sind ohne Weiteres bereit, deren Ecken und Kanten zu ertragen, aber sie wollen, dass ihre Bezugspersonen authentisch sind.

Und wie gesagt, Kindern im Join-up reicht es vollständig als Begründung, wenn Eltern sagen: «Mich stört es, wenn...» Das ist ihnen lieber, als wenn ihre Eltern Formulierungen brauchen wie: «Das macht man nicht...»

Kinder wollen echte Eltern. Deshalb mein Appell: Pflegen Sie eine persönliche Sprache, eine authentische Sprache. Eine Sprache, die nicht verschleiert, sondern ausspricht, was Sache ist – und nicht das, was wohlanständig zu sein scheint oder was allgemein akzeptiert scheint, mehrheitsfähig ist usw. Sollten Sie sich an der Bibel orientieren, mögen Sie versucht sein jetzt einzuwenden, dass es doch als Christen besser ist, sich auf die Bibel zu berufen als auf den persönlichen Geschmack. Man möchte sich als Christ ja nicht zum Massstab aufschwingen. Sie möchte ich ermuntern, den Kindern zu zeigen, woran Sie sich orientieren. Wenn Sie Ihrem Kind sagen: «Ich möchte nicht, dass du schlecht über deinen Bruder redest. Siehst du, ich habe mir das bewusst abgewöhnt, weil ich glaube, dass es gut ist, auf das Wort Gottes zu achten. Schau hier, ihm neunten Gebot steht es im zweiten Buch Mose...», dann ist das wunderbar. Wenn Sie dieses Gebot noch nicht verinnerlicht haben und öfters schlecht über andere denken oder gar vor Ihren Kindern reden, dann laufen Sie Gefahr, dass Ihr Kind aus der Belehrung den folgenden Schluss zieht: «In der Bibel steht zwar, dass man nicht schlecht über andere reden soll, aber das gilt natürlich nicht für grosse Leute, das bringt man nur uns Kindern bei. Wenn ich gross bin, darf ich das auch.» Oder, je nachdem, wie weit die christliche Unterweisung schon gediehen ist: «In der Bibel steht zwar..., aber das ist ohnehin nicht praxistauglich. Jesus ging deswegen ans Kreuz, damit ich mich ungestraft über seine Gebote hinwegsetzen kann.» Zugegeben, das ist jetzt ein bisschen spitz formuliert, aber ich möchte nicht ausführlicher werden, da wir ja noch im säkularen Teil des Buches sind. Kommen wir also zu einem Thema von Jesper Juul, das ich für so wichtig halte, dass ich es hier auch aufgreife.

6.4. Die persönliche Sprache

Vergleichen Sie bitte die beiden folgenden Sätze:

- «Ein Kind in deinem Alter gehört um neun Uhr ins Bett.»
- «Ich möchte, dass du dich um neun zurückziehst, damit Mami und ich noch eine Zeit für uns haben. Wann du ein-

schlafen willst, ist deine Sache. Du merkst ja selber, wann du müde bist.»

Diese beiden Sätze markieren einen grossen Gegensatz. Der erste sagt dem Kind vielleicht: «Deine Kenntnisse über dich selbst bzw. über deine Bedürfnisse sind falsch. Wenn du um neun nicht müde bist, bist du nicht ganz okay. Kinder in deinem Alter merken nicht, wenn sie müde sind usw.»

Der zweite Satz drückt das legitime Bedürfnis der Eltern aus, Zeit für sich zu haben. Ein Kind kann das gut akzeptieren. Es dient ihm auch als Vorbild, die eigenen Bedürfnisse wahrzunehmen und zu kommunizieren.

Vergleichen Sie auch diese beiden Aussagen:

- «Mach deine Aufgaben jetzt sofort. Man schiebt die Aufgaben nicht immer vor sich her.»
- «Wenn du willst, dass ich dir bei den Aufgaben helfe, hätte ich gerade jetzt gut Zeit. Du weisst ja, dass heute Abend noch der Match ist.»

Im ersten Beispiel lasse ich dem Kind keinen Spielraum. Ich bestimme nicht nur, was es tun soll, sondern ich bestimme auch noch den genauen Zeitpunkt. «Man schiebt die Aufgaben nicht immer vor sich her», heisst eigentlich: «Wenn ich nicht zu dir schauen würde, würdest du die Aufgaben vor dir herschieben. Ich traue dir nicht zu, deine Zeit vernünftig einzuteilen», sonst hätte ich womöglich gefragt: «Wann machst du deine Aufgaben? Es wäre noch schön, wenn wir zusammen den Tennismatch schauen könnten.»

In der zweiten Aussage offenbart der Vater seine eigenen Pläne und das, was ihm wichtig ist. Wahrscheinlich wird das Kind in beiden Fällen mit den Aufgaben beginnen, aber wohl in einer andern Stimmung.

Noch ein Beispiel:

- «Man isst, was auf den Tisch kommt.»

- «Es demotiviert mich, wenn du nicht wenigstens versuchst, was ich gekocht habe.» Oder auch:
- «Ich habe für uns ... gekocht. Hol dir doch bitte selber das, wonach du Lust hast. Dann ist es sicher das Richtige. (Je nachdem muss man das schon beim Einkauf so machen.)

In der ersten Aussage versteckt die Mutter ihren Frust als Mutter hinter einer allgemeinen Regel. Sie soll als Begründung herhalten, weil sie nicht zu ihren Gefühlen stehen will oder kann. Kinder werden das durchschauen und ablehnen oder zumindest mit einem negativen Beigeschmack zur Kenntnis nehmen.

Im zweiten Beispiel sagt die Mutter, was sie wirklich denkt. Sie sagt es nicht in erzieherischer Absicht, sondern sie drückt hier einfach ihre Enttäuschung aus. Es ist hier nicht der Moment, darüber zu diskutieren, wie weit man ein Kind zwingen sollte, alles mindestens zu probieren. Hier geht es ja um die persönliche Sprache, und diese offenbart das, was die Sprecherin wirklich denkt. Das ist hier wohltuend der Fall. Ein Kind kann damit gut umgehen. Die dritte Aussage zum gleichen Thema ist schon fast eine Join-up-Intervention. Je nachdem, wie wichtig es den Eltern ist, lohnt es sich, eine solche Intervention durchzuziehen. Es ist gut möglich, dass sich die Einstellung eines Kindes durch diese Massnahme ändert und es sich aus eigenem Interesse darauf besinnt, das Essen vermehrt zu schätzen. Eine solche Massnahme, eingebettet in eine liebevolle Beziehung, ist geeignet, dem Kind einen genussvolleren Umgang mit dem Essen zu ermöglichen.

Beachten Sie den gleichen Gegensatz auch in diesen Beispielen:

- «Hört doch auf mit diesem Streit. Hört einander doch mal zu. Kein vernünftiger Mensch schreit so herum. Ihr könnt keine Mahlzeit friedlich einnehmen. Dauernd motzt ihr euch an!»

- «Ich sehe, ihr habt da einen gröberen Konflikt. Tragt den bitte in einem Zimmer aus. Es stört mich hier bei Tisch. Wenn ihr Hilfe braucht, nehme ich mir gern Zeit nach dem Znacht. Keine Angst, wir lassen euch genug vom Nachtessen übrig.»

Im ersten Abschnitt hören wir jemanden, der dem Kind eigentlich sagt: «Ich messe euer Verhalten an einem allgemein anerkannten vernunftgemässen Handeln. Ihr beide fallt da durch. Und das ist nicht nur jetzt so, sondern es ist euer Standardverhalten.» Die Abwertung ist unüberhörbar. Das wird die Essatmosphäre nicht nachhaltig verbessern. Übrigens, wenn es tatsächlich so wäre, wie der Erwachsene hier unterstellt, dann wäre es interessant zu hören, in welchem Ton die Erwachsenen miteinander reden. Dieser Satz mindestens kann ja wohl auch nicht als Modell für Friedfertigkeit dienen. Vielleicht gerade deshalb, weil der Sprecher Vorwürfe macht, anstatt dazu zu stehen, dass er Ruhe haben möchte bei Tisch.

Der zweite Satz entspricht dem, was Jesper Juul «persönliche Sprache» nennt. Hier offenbart der Erwachsene sein Bedürfnis nach einer angenehmen Atmosphäre bei Tisch, aber er unterstellt nicht, dass die Kinder sich «grundlos» beschimpfen. Er rät ihnen, den Konflikt nicht unter den Tisch zu kehren, sondern auszutragen. Er bietet sogar seine Hilfe an, allerdings nicht im Sinne einer Einmischung, sondern eines Vermittlungsdienstes, und das erst noch nur dann, wenn die Kinder das wünschen. Der Erwachsene traut den Kindern zu, den Konflikt selber zu lösen. Er verzichtet darauf, Druck zu machen, und bietet an, das Essen für sie warm zu stellen. Aber, und das scheint mir wesentlich, er lässt den Kindern nicht die Freiheit, am Tisch mit ihrem Konflikt die Atmosphäre zu bestimmen.

- «Stell die Musik leiser, ich will nicht, dass die Nachbarn reklamieren.»
- «Ich mag deine Musik nicht sonderlich, ausserdem ist sie mir zu laut. Nimm bitte den Kopfhörer.»

Ich nehme an, ich muss den Unterschied hier nicht näher kommentieren.

Denken wir zurück ans Join-up mit dem Pferd. Dort haben wir dem Pferd nicht etwa vermittelt:

- «Du als Pferd musst dich dem Menschen grundsätzlich und generell unterwerfen. Wenn du nicht machst, was ich will, bist du ein böses Pferd und musst die Peitsche spüren. Je mehr du ‹Respekt› hast vor den Menschen, desto weniger bist du gefährlich», sondern:
- «Ich möchte im Hier und Heute mit dir konstruktiv zusammenarbeiten. Ich möchte die Leitung übernehmen.»

Ich hoffe, Sie haben gespürt, wie grundsätzlich anders solche Aussagen daherkommen.

Alles, was oben steht, könnte man grundsätzlich so zusammenfassen:

Das Join-up-Prinzip ist kein Trick, um sich Kinder gefügig zu machen, obwohl es dafür missbraucht werden könnte. Es wäre dann ein psychischer Terror, der mit Liebesentzug arbeitet, der den Kindern die Beziehungssicherheit raubt und sie so entscheidend in ihrer Entwicklung behindert. Das Join-up-Prinzip mit dem Pferd zu erlernen, ist deshalb so hilfreich, weil es unsere Erfahrung ist, dass ein Pferd sich nie jemandem anschliessen würde, der nicht vertrauenswürdig ist, oder sonst höchstens in einem Abstand von mindestens zwei Metern. Wollte jemand das versuchen, würde ihm sicher vor dem Pferd die Geduld ausgehen, und er würde zu den üblichen Gewaltmitteln greifen. Zu einem wirklichen Join-up mit ihren Kindern kommt es nur, wenn Vertrauen da ist. Ein Join-up kann man nie erzwingen. So wenig, wie man sich die Liebe eines Menschen mit Gewalt holen kann.

Viele Eltern getrauen sich nicht, sich ihren Kindern in einer persönlichen Sprache zu offenbaren. Das hat wohl den Grund, den wir schon öfters angesprochen haben: Unser ganzes Erziehungs- und Kommunikationsverhalten geht von einem Kinderbild aus, das nicht mit der Möglichkeit des Join-ups rechnet, wo Machtkämpfe, passiver Widerstand und Abwertungen die Normalität sind. Da versteckt man sich als Eltern gerne hinter allgemeinen Regeln und setzt sich nicht der Kritik der Kinder aus. Wenn Sie wollen, dass Ihre Kinder ins Join-up kommen, üben Sie sich in Interventionen, wenn Sie wollen, dass Ihre Kinder im Join-up bleiben, dann pflegen Sie eine persönliche Sprache. Aber...

Wollen Sie es wirklich?

Viele Menschen wollen in der Tiefe ihrer Herzen gar kein Join-up mit ihren Kindern, so wenig wie das viele Reiter mit ihren Pferden wollen. Sie tragen das unselige Bedürfnis mit sich herum, Macht auszuüben, in jeder Situation die Kontrolle zu haben. Das kann verschiedene Gründe haben. Macht auszuüben ist für viele unsichere Menschen die einzige Möglichkeit, die sie vor der Isolation bewahrt. Viele Menschen glauben nicht daran, dass es so etwas wie ein Join-up unter Menschen gibt oder gar zwischen Mensch und Tier und wohl auch nicht zwischen Mensch und Gott.

Ein Join-up mit dem Pferd zu erleben, wäre vielleicht ein Einstieg zum Umdenken.

Dass Sie bis hierher gelesen haben, legt die Vermutung nahe, dass Sie nicht zu dieser Gruppe Menschen gehören. Nun, so wollen wir uns einer Frage zuwenden, die bis jetzt noch aussen vor geblieben ist. Wir haben uns damit auseinandergesetzt, wie wichtig es ist, Kinder nicht abzuwerten. Wir haben darüber gesprochen, dass wir gut daran tun, davon auszugehen, dass Kinder, auch ganz junge Kinder, nicht einfach ins Blaue hinein handeln, sondern, dass sie genau wissen, was sie tun. Sie handeln so folgerichtig wie wir Erwachsenen. Nur eben von Argumenten geleitet, die für sie im Vordergrund stehen. Mir gefällt die Formulierung: «Andere Dinge sind für sie ‹handlungsleitend›». Manchmal können wir beim besten Willen nicht erkennen, wie ein Kind dazu kommt, sich so oder anders zu verhalten. Wir haben gesehen, wie gut es ist, ein Kind in dieser Situation echt zu fragen und eben nicht im Sinne von «Wie kann man nur...!?» Sie mögen mir jetzt unterstellen, dass wir bis jetzt so getan hätten, als ob alle Kinder gut wären, als ob es Böses in ihnen nicht gäbe. Falls das zutrifft, möchte ich das sofort korrigieren. Ich bin tief überzeugt, dass es das Böse gibt, sowohl in uns, als auch um uns. Es zu ignorieren wäre fatal. Was ich zeigen will, ist nur dies: Wenn die Erwachsenen denken, das Böse sei in den Herzen der Kinder wirksamer als das Gute und bei ihnen sei es umgekehrt, dann ist das – mindestens in dieser allgemeinen Form – nicht haltbar.

Jesus sagt es sogar explizit umgekehrt: «Wenn ihr nicht umkehrt und werdet wie die Kinder, so werdet ihr nicht ins Himmelreich kommen.» Die Bibel unterscheidet im Grunde für die Menschen zwei Zustände: Im Join-up mit Gott oder eben nicht. Dass Gott sich als «unser Vater» ansprechen lässt, zeigt uns, dass es wohl nicht die Bestimmung des Menschen sein kann, ausserhalb des Join-ups mit Ihm zu leben. Nach diesem Satz haben Sie es sicher selber gemerkt, spätestens jetzt ist das Ende des säkularen Teils gekommen, wenn man vom Kapitel 8 über die Kleinkinder absieht.

6.5. Das Ende des säkularen Teils

Wenn Sie bis hierher gelesen haben, dann haben Sie all das gelesen, das nur indirekt mit dem christlichen Glauben zu tun hat.

Wenn Sie die Lektüre inspiriert hat, wenn Sie sogar entschlossen sind, das Join-up-Konzept in Ihrem Umfeld umzusetzen, und Sie nicht bereits zu den Bibelkundigen gehören, dann empfehle ich Ihnen dringend, eine Bibel zur Hand zu nehmen. Das Buch, das Sie am Lesen sind, basiert in seinen wesentlichen Teilen auf ihren Lehren. Was liegt also näher, als selber dort zu forschen? Worin bestünde der mögliche Nutzen? In nichts weniger als in einem Leben im Join-up mit Gott.

Ich möchte Sie auch ermutigen, den Rest des Buches zu lesen, auch wenn Ihnen manches ein bisschen seltsam vorkommen wird. Selbst wenn Sie nichts am Hut haben mit dem Glauben, empfehle ich Ihnen den Abschnitt über das Böse. Ich betrachte es als grosses Problem in der modernen Pädagogik, dass sie mit dem Bösen in uns wenig anfangen kann. So wenig wie damit, dass wir als Menschen «schuldig» werden können. Dabei ist das Böse eine Realität – wie die Liebe. Wenn Sie das Kapitel über christliche Erziehung überspringen, sollten Sie trotzdem das Kapitel 8 über die Kleinkinder lesen und dann bei der Zusammenfassung wieder einsteigen. Vielleicht inspiriert Sie auch das mit den unverbindlicheren Tipps für den Alltag. Im Anhang finden Sie Ausschnitte aus den Foren. (Vorsicht: ab und zu im christlichen Jargon verfasst!).

Ich möchte Sie auch gerne auf unsere weiteren Angebote hinweisen. Sie finden sie auch am Schluss des Buches. Es geht dort vor allem auch um die Infobriefe, von denen wir ein paar Müsterchen abgedruckt haben.

Wenn Sie bis hierher mit Interesse gelesen haben, dann wäre das bei den Infobriefen bestimmt auch so. Sie erscheinen monatlich und sind auch für jene Menschen gut lesbar, die dem Christentum kritisch gegenüberstehen. Auch die monatliche Live-Fragestunde, der man bequem über unsere Internetseite folgen kann, richtet sich an alle Eltern und Lehrkräfte.

Genauere Angaben finden Sie am Schluss des Buches, ebenso wie die Hinweise auf weiterführende Literatur.

7. Das Böse in uns

Der erste mir bekannte Philosoph, der lehrte, dass der Mensch von Natur aus gut sei, war Jean-Jacques Rousseau. Und seine Gefolgschaft ist bis heute zahlreich. Ich gehöre nicht zu ihnen. Für mich ist das Böse eine Realität, mit der wir alle leben müssen, solange wir auf dieser Erde sind, und zwar mit dem Bösen um uns und in uns. Das geht den Kindern nicht anders.

Die Bibel lehrt uns, dass das Böse sich im Dunkeln, im Verborgenen am besten entfalten kann. Sobald es ans Licht kommt, verliert es einen Teil seiner Wirkung. Die Bibel (und nicht nur sie) lehrt uns, unsere Verfehlungen zu bekennen. Im Blick auf unsere Kinder müssen wir uns also fragen, wie wir eine Atmosphäre schaffen, in der es den Kindern gelingt, über das Böse in ihnen zu sprechen. Wie können wir sie darin unterstützen, ihre Verfehlungen zuzugeben, damit sie wieder frei werden für das Gute? Das wäre ja «Zucht» im Sinne von ziehen bzw. vorwärtsbringen.

Viele Eltern setzen ihr Vertrauen in gewisse Verhör-Methoden, um Kinder zu überführen, wenn sie etwas Böses getan haben. Man tut so, als habe man Beweise für eine Schuld, und schaut dann, wie der Verdächtigte reagiert. Man sagt also zum Beispiel: «Ich weiss genau, dass du Kekse genommen hast!» Manch ein Kind wird dann den Kopf senken und schuldbewusst zugeben, dass es tatsächlich so ist. Die Eltern werden sich auf die Schulter klopfen und bei der nächsten Gelegenheit dasselbe wieder versuchen. Diesmal ist es aber anders. Das Kind wehrt sich und sagt: «Nein, ich war es nicht!» Vielleicht glauben die Eltern dem Kind, und der Schaden hält sich in Grenzen. Dennoch aber bleibt im Kind die bange Frage zurück: «Warum glaubten meine Eltern, ich hätte sie genommen? Und dann noch sogar, sie wüssten es?» Gehen Eltern weiter und sagen: «Nein, streite es ja nicht ab. Du machst es nur noch schlimmer!» Je nachdem, was wirklich vorgefallen ist, kann das in einem Kind eine tiefe Vertrauenskrise auslösen. Viele solcher Vertrauenskrisen werden es dem Kind schwer machen, die Eltern zu ehren. Es wird zwar nicht aufhören, sie zu lieben und vielleicht sogar um ihre Gunst zu werben, aber es tritt ein Misstrauen zwischen sie, das schwer wiegt. Es kann sogar sein, dass viel Gutes und Wichtiges, das die Eltern ihrem Kind sagen wollen, dadurch einen negativen Beigeschmack bekommt. Vielleicht sogar die Botschaft von einem liebenden Vater im Himmel. Und noch etwas möchte ich hier Rousseau zugutehalten: Ich stimme ihm ein Stück weit zu, dass sehr vieles, was wir als böse wahrnehmen, seinen Anfang nicht in der Boshaftigkeit eines Kindes nahm, sondern im Misstrauen der Eltern. Es ist eine der perfidesten Methoden des Bösen (wenn Sie mir diese Personifizierung gestatten), sich im Misstrauen der Menschen zu vermehren. Sehr viel Böses geschieht im Zeichen der Rache für vermeintlich erlittenes Unrecht und kann sich so hinter der Maske der «Gerechtigkeit» verstecken. Jenes Unrecht aber war womöglich auch schon als Rache gedacht.

Das führt dazu, dass Menschen sich gegenseitig Böses tun, ohne den Glauben daran zu verlieren, selber nur das Gute zu wollen

und sich nur zu Recht gegen die üblen Machenschaften der andern schützen zu müssen. Vor 2000 Jahren trat einer auf, der genau das erkannt hatte und den Menschen empfahl, das Böse durch das Gute zu überwinden.

Wenn wir also die Kinder dazu führen wollen, das Böse in sich zu erkennen und zu überwinden, dann müssen wir ihnen und uns selber ganz bewusst das Recht auf Rache absprechen.

Solange dieses Recht besteht, wird es weder Kindern noch Erwachsenen je möglich sein, zwischen dem Bösen und vermeintlich berechtigter Rache zu unterscheiden. Gleichzeitig müssen wir uns aber bewusst sein, wie schwer das für unsere Kinder sein wird, wenn wir ihnen gerade im Umgang mit ihnen das Gegenteil vorleben. Wenn sie nämlich das Gefühl bekommen, unsere Erziehungsmassnahmen seien Racheakte für ihre Verfehlungen. Viele Kinder, die Böses tun, tun es, weil sie durch Verdächtigungen und Unterstellungen der Erwachsenen gekränkt sind und sich dadurch irgendwie berechtigt fühlen.

Verdächtigungen und Unterstellungen sind deshalb eher Öl als Wasser gegen das Feuer des Bösen.

Wie denn sonst sollen wir die Kinder dazu führen, zu bekennen anstatt abzustreiten? Die Antwort ist ganz einfach. Indem wir es ihnen vorleben – einerseits das Bekennen, andererseits den Umgang damit. Wenn wir selbst alles daransetzen, uns selber jederzeit in ein gutes Licht zu rücken, werden unsere Kinder kooperieren, meist wohl durch Imitation. Sie werden sich auch im Abstreiten, im Lügen und Verstellen perfektionieren. Je erfolgreicher sie darin sind, desto eher werden sich die Eltern vielleicht einbilden, eine moralische Entwicklung in ihrem Kind zu beobachten. Manchmal platzen solche Illusionen schmerzlich und laut. Ich erinnere mich noch gut, als unser Dorfpolizist mich anrief, er hätte unsere beiden Söhne – damit meinte er seinen eigenen und unsern jüngeren – im Warenhaus abholen müssen, weil sie beim Stehlen erwischt worden seien. Das war nicht nur für die Kinder ein heilsamer Schock, sondern auch für uns Eltern. Ganz offensichtlich hatten wir unsere Kinder falsch eingeschätzt. Vielleicht hatten auch sie vor allem gelernt, sich nicht erwischen zu lassen. Es geht aber wie gesagt nicht nur ums Vorleben im Bekennen der eigenen Defizite und Verfehlungen. Auch den konstruktiven Umgang damit sehen unsere Kinder bei uns – oder eben nicht:

«Au, es hat geblitzt!», sagt die Mutter und tritt auf die Bremse. Das ist ein gutes Zeugnis. Das Auto weiterrollen lassen in der Meinung, dass es nun sowieso keinen Wert mehr habe, wäre ein schlechtes. Einmal nehme ich die Rüge an und korrigiere mein Verhalten, das andere Mal zeige ich mich uneinsichtig. Ob ich selber zu meinen negativen Motiven stehe, daran arbeite und gleichwohl motiviert und fröhlich mit mir unterwegs bin oder ob ich meine Defizite vertusche und alles daransetze gut dazustehen, ist für den Umgang meines Kindes mit seinen Schatten wichtiger als alle Belehrung, Bestrafung und Überführung. Was nicht heisst, dass diese Elemente nicht auch ihren Platz haben. Wenn Kinder erleben, dass Eltern sich auch bei ihnen entschuldigen, ist das in der Regel kein Unterordnungssignal, sondern ein Zeichen der Stärke.

Nicht zu den eigenen Fehlern zu stehen, aber von den Kindern Einsicht und Reue zu erwarten, bringen viele Eltern irgendwie auf einen Nenner. Verstehen Sie das?

7.1. Bestrafung

Irrtümer haben Konsequenzen. Böses Tun muss bestraft werden. Es ist wichtig, diese Dinge nicht zu vermischen. Es ist nicht okay ein Kind zu bestrafen, weil es sich geirrt hat oder weil ihm ein Missgeschick passiert ist. Es ist nicht okay, ein Kind zu beschimpfen, weil es die Zuckerdose ausgeleert hat, aber es ist wichtig, dass es mindestens mithilft, das Malheur wieder gutzumachen. Solange ich spüre, dass ein Kind mit mir um das zerbrochene Glas trauert, macht es keinen Sinn, es zu beschimpfen. Viele Erwachsene haben das selber noch anders erlebt: Die älteren unter uns, dass sie bestraft und beschimpft wurden, wenn ihnen so etwas passierte, die jüngeren unter uns bereits etwas nicht minder Problematisches: Die Eltern wollen nicht mehr, dass Kinder wegen eines Malheurs beschimpft oder bestraft werden und verfallen prompt ins Gegenteil: Sie sagen dem Kind, das weint: «Das ist doch nicht so schlimm. Es ist ja nur ein Trinkglas. Scherben bringen Glück!» Damit nehmen sie die Trauer des Kindes nicht ernst und verschleiern je nachdem ihre eigene. Wieso dem Kind nicht den Raum geben zu weinen, wieso nicht mit ihm trauern? Wer einem Kind auf diese Weise seine natürliche Reaktion über einen Verlust austreibt – vielleicht eben wegen der Tendenz der Erwachsenen, dem Kind wenig zuzutrauen, es nicht für belastbar zu halten – darf sich nicht wundern, wenn das Kind später respektlos mit Dingen umgeht. In der Schule raufen sich Lehrkräfte die Haare, wenn sie sehen, wie Kinder mit ihren Büchern und Heften umgehen. Und was tun sie? Sie beschimpfen die Kinder dafür, dass ihnen dereinst ihre natürliche Reaktion ausgetrieben wurde. Soweit zum Umgang mit Missgeschicken.

Wie aber steht es mit böser Absicht? Ein Kind stiehlt dem andern das Bonbon, das als Belohnung auf der ordentlichen

Kleiderbeige liegt. Die Mutter sagt: «Du hast eine schöne Beige gemacht. Hast du das Bonbon gesehen?» «Nein.» «Schau nach, vielleicht ist es heruntergefallen!» Die Ratlosigkeit nimmt zu, bis die Mutter den kleinen Bruder fragt: «Hast etwa du das Bonbon genommen?» Weinend nickt das Kind. Es fällt uns nicht schwer zu erahnen, was das Kind wohl bewog, das Bonbon wegzunehmen. Vielleicht hatte es etwas mit Neid zu tun.

Jetzt ist entweder Gnade oder Strafe angesagt. Gnade bedeutet unverdientes Wohlwollen. Wenn die Strafe ausbleibt, muss dem Kind bewusst sein, dass sie jetzt verdient wäre. Wie diese Strafe aussieht, ist unwichtig. Der Zusammenhang zwischen etwas Bösem, Strafe, Gnade und Vergebung muss dem Kind klargemacht werden. Entscheidend, bevor es zu einer Strafe kommt, ist es freilich, dass das Kind sie nicht als Rache interpretiert oder als parteiisches Verhalten der Eltern. Das Weinen im obigen Beispiel sollte andeuten, dass das Kind sich tatsächlich schuldig fühlt. Wenn es überzeugt wäre, das Bonbon eher als der grössere Bruder verdient zu haben, wäre eine Strafe kontraproduktiv. Sie würde das Kind höchstens im Bewusstsein bestärken, weniger geliebt zu sein als der grössere Bruder.

7.2. Wiedergutmachung

Sie ist ein wichtiger Teil der Bewältigung beider Szenarien, des Irrtums und der Irreführung, des Versehens und der bösen Tat. Wenn ein Kind gelogen hat und dafür bestraft wird, gehört dringend auch eine Wiedergutmachung dazu. Wichtig ist allerdings, dass diese Wiedergutmachung so freiwillig wie möglich ist. Sie wird zwar erwartet, sollte aber nicht erzwungen werden. Sie ist Teil der Versöhnung. Versöhnung kann man nicht verordnen. Aber was mache ich, wenn ein Kind seinem grossen Bruder absichtlich den neuen Füllfederhalter zerbrochen hat, dafür bestraft wurde – der Bruder hat es dafür nicht ins Freibad mitgenommen – jetzt aber keine Anstalten macht für eine Wiedergutmachung? Beziehungsweise, was rate ich meinem älteren Sohn? Wie soll er damit umgehen? Hier kommt ein Prinzip zum Tragen, das ich gerne «Triangulation» nenne, das Zusammenspiel von drei Leuten. Meine Rolle in dieser Situation wäre es, Druck auf das jüngere Kind auszuüben: «Jeannine, ich finde es nicht okay, dass du das mit dem Fülli nicht in Ordnung bringst.» «Wieso? Michael hat mich ja schon bestraft. Er hat gesagt, wegen des Füllis dürfe ich nicht mitkommen.» «Das habe ich gehört, aber weisst du, damit ist der Fülli ja nicht wieder ganz geworden. Michael ist sehr traurig wegen des Füllis.» «Was soll ich denn tun, ich habe ja kein Geld, um einen neuen zu kaufen.» «Nun, wir können da für dich einspringen und ihm einen neuen kaufen, aber du weisst ja, dass der Fülli ein Geschenk seines Göttis war. Den kann man nicht einfach so ersetzen. Aber du könntest etwas für Michael tun, als Wiedergutmachung.» «Was denn?» «Du könntest ihm vielleicht eine Zeichnung machen, die ihm Freude macht, und ein Brieflein dazulegen, wo du schreibst, dass es dir leidtut. Was meinst du?» «Ja, das mache ich. Ich fange sofort an.»

Diese Beratung kann nicht durch Michael erfolgen. Das muss jemand Dritter tun. Wer selber betroffen ist, kann nicht für sich eine Wiedergutmachung einfordern. Sie muss entweder freiwillig erfolgen, entweder aus eigenem Antrieb oder auf Anraten einer Drittperson. So kann ein Ereignis wirklich bewältigt werden, und das Böse hat ein bisschen an Boden verloren in dieser Familie.

Eine besondere Form der Strafe ist die Körperstrafe. Es liegt auf der Hand, dass es nicht okay ist, ein Kind zu schlagen, weil es aus Unachtsamkeit einen Kratzer ins Auto gemacht hat. Aber wenn es Absicht war? Aus Rache oder Frust? Ist hier eine

Körperstrafe angebracht? Hat sie ihren Platz überhaupt in der Erziehung, oder sollte sie vollends verboten werden?

7.3. Körperstrafe

Meine eigenen relativ unproblematischen Kindheitserinnerungen an Körperstrafen, gepaart mit einem allzu textorientierten Bibelverständnis, haben meine Frau und mich so geprägt, dass wir als Eltern Körperstrafen in bestimmten Situationen als sinnvoll, ja notwendig erachtet haben. Im Laufe meiner Beratungstätigkeit habe ich hier eine andere Sicht der Dinge gewonnen.

Schon heute sind in vielen Ländern Körperstrafen gesetzlich verboten, und ich möchte mit diesem Buch niemanden dazu verleiten, staatliche Ordnungen zu ignorieren. Im Gegenteil: Ich möchte Ihnen Wege zeigen, die Körperstrafen überflüssig machen.

Vertrauenspädagogik kommt mit sehr wenig Strafen aus, und Körperstrafen braucht es wirklich nicht.

Wenn ich mich im Folgenden dennoch dazu äussere, dann für all jene, die der Überzeugung sind, die Bibel fordere uns auf, Kinder körperlich zu strafen.

«Wer seine Kinder liebt, der scheut die Rute nicht!» Dieses oft gehörte «Zitat» ist wohl eine freie Formulierung aus den Sprüchen, Kapitel 13, Vers 24: «Wer seine Rute schont, der hasst seinen Sohn; wer ihn aber lieb hat, der züchtigt ihn beizeiten.» Der Vers wird – vor allem wurde – oft herangezogen, wenn es um die Frage der Körperstrafe geht. Bis noch vor wenigen Jahrzehnten war es für fast alle selbstverständlich, dass man Kinder, die nicht gehorchten, schlug. Heute wird das von vielen Menschen mit fast religiösem Eifer abgelehnt. Es liegt allein von daher die Vermutung nahe, dass die Wahrheit

wohl nicht in diesen Extremen liegt. Lasst uns zusammen Gottes Wort dazu befragen.
«ER (Gott) schlägt jeden Sohn, den er annimmt.» (Hebräer 12,6). In diesem Zitat und auch in jenem aus den Sprüchen sind zwei scheinbar widersprüchliche Phänomene aneinandergekettet: Liebe und Rute, Liebe und Schläge. Schläge als Ausdruck der Liebe? Als Ausdruck welcher Art von Liebe? Als Ausdruck von Eros, der erotischen Liebe? Eine abartige Form davon gibt es in der Sadomasoszene.

Ist es ein Ausdruck von Philia, der Liebe zwischen Freunden? Wohl kaum. Wenn Freunde sich schlagen oder auch Ehepaare, dann ist das viel eher ein Ausdruck der enttäuschten Philia, die dann nicht selten in Hass umschlägt.

Nein, Schläge, wie sie hier gemeint sind, sind Ausdruck von Agape, jener Liebe, die Paulus in 1. Korinther 13 beschreibt. Wenn Ihnen der Begriff nicht geläufig ist, dann sollten Sie die Stelle vielleicht nochmals lesen. Jesus brauchte diesen griechischen Begriff. Gemeint ist jene Liebe, die kein Gefühl ist, weder Schmetterlinge im Bauch noch Sympathie, sondern der Entscheid, das Wohl des Nächsten zu suchen. Von daher fallen schon viele Formen der Körperstrafe nicht darunter. Alles, was zerstört, was demütigt, kann kein Ausdruck von Agape sein, denn diese «baut auf...». Alles, was im Affekt geschieht, aus Jähzorn und ähnlichen eruptiven Gefühlszuständen, ist nicht Ausdruck von Agape, sondern eher von enttäuschter Philia oder verzweifelter Trauer.

Schläge wie sie hier gemeint sind, waren zu jener Zeit ganz normale Äusserungen der elterlichen Zucht. Das war noch so, als ich ein Kind war. Und es ist noch heute so in Afrika. Dort kann man das häufig beobachten, und die Kinder reagieren darauf etwa so, wie wenn man unsern Kindern sagt: «Was machst du denn da – kannst du nicht aufpassen?» Und es macht den Anschein, als ob ihnen das nichts ausmache. Diese Art von Strafreizen, die fast gewohnheitsmässig verabreicht werden, sind sicher nicht das, was die Bibel meint. Ich bin überzeugt, dass es darum geht, Kindern Strafen nicht vorzuenthalten. Je nach Kultur mögen das dann Schläge im wörtlichen Sinn sein. In unserer Kultur haben Schläge eine andere Farbe. Sie gehören in den Bereich der Gewalt, des Unzulässigen, des Übergriffigen. Oft verschweigen Kinder von christlichen Eltern schamvoll, dass sie geschlagen werden, weil sie spüren, dass ihre Eltern in ein schiefes Licht geraten würden, so wie das früher nur bei extremer Gewalt oder sexuellen Übergriffen der Fall war. Das sollte man keinem Kind mehr zumuten, und ich denke, dass es nicht dem Geist der Bibel entspricht. Wenn ich also im Folgenden von Strafen spreche, dann meine ich andere Sanktionen, den Ausschluss von beliebten Aktivitäten zum Beispiel, von einem Ausflug etwa. Bevor wir uns überlegen, welche Arten von Strafen sinnvoll sind, wollen wir uns überlegen, wann denn Strafen überhaupt sinnvoll sind.

Ob eine Strafe sinnvoll ist oder gar kontraproduktiv, hängt weniger von der Art der Strafe ab als von den Begleitumständen.

Wenn Strafen erzieherisch sinnvoll sein sollen, dann müssen sie Kinder aufbauen. Können Strafen aufbauen? Ja, das können sie, und sogar schon währenddem sie ausgehalten werden müssen und nicht erst in der Retrospektive des Erwachsenen. Dazu braucht es aber einige Voraussetzungen:

- Das Kind, das bestraft wird, muss beziehungssicher sein. Es darf unter keinen Umständen die Strafe als Ausdruck der Zurückweisung empfinden. Es muss sich angenommen, geliebt und ernst genommen fühlen, damit es die Strafe richtig interpretiert. Es muss spüren, dass die Strafe es wieder in die richtige Position bringt.

- Das Kind muss wissen, wofür es bestraft wird. Viele Kinder empfinden Strafe in diesem Sinne geradezu als Erlösung. Es schmerzt zwar im Moment, aber das Kind spürt, dass die Strafe eine Verhaltensänderung erzwingt, die es selbst zu leisten nicht imstande war.
- Das Kind muss spüren, dass die Strafe dem Vater bzw. der Mutter auch wehtut. Wenn es das Gefühl hat, dass die Eltern sich durch eine Strafe auf seine Kosten abreagieren, dann wird eine solche Massnahme keine Kurskorrektur bewirken, sondern eine Verletzung.

Ich habe hier jetzt bewusst «Strafe» geschrieben. Sollten Sie an der Körperstrafe festhalten wollen, gilt das umso mehr. Aber es gilt für Strafen ganz allgemein.

Strafen treiben im besten Fall das Böse aus – sie sind nicht dazu geeignet, das Gute zu bewirken.

Siehe dazu Sprüche 22,15: «Torheit steckt dem Knaben im Herzen, aber die Rute der Zucht wird sie ihm austreiben.»

Die Rute ist in diesem Sinn eine Strafe, kein Anreiz, das Gute zu tun. Diese «Rute der Zucht» kann man, wie gesagt, auch auf andere Formen der Bestrafung anwenden. Für sie alle gilt: Sie bewirken nicht das Gute selbst, sondern «sie treiben (richtig angewandt) die Torheit aus». Strafen können Erschütterungen sein, die dem Kind (oder auch Erwachsenen) helfen, sich neu zu orientieren. Immer aber gilt:

Das Gute kann man nur freiwillig tun.

Damit etwas gut ist, braucht es den freien Entschluss dazu. Wer also ein Kind durch Strafen oder gar durch Schläge zum Gehorsam zwingt, beraubt es der Möglichkeit, sich zu überwinden und aktiv gehorsam zu sein. Unsere Sprache verwendet das Wort «Gehorsam» in zwei verschiedenen Bedeutungen: Wenn du tust, was ich sage, bist du gehorsam. Mich interessiert nicht, ob das aus Vertrauen und Einsicht geschieht oder deshalb, weil du meinen Zorn fürchtest, wenn du es nicht tust. Nun, ich brauche das Wort Gehorsam in Zukunft lieber im Sinne von «Im-Join-up-Sein». Also als Gehorsam, der aus dem Vertrauen kommt. Und diese Art Gehorsam ist es, die man nicht erzwingen kann. Man kann ein bestimmtes Verhalten erzwingen, und das ist ab und zu notwendig. Mitunter muss man Druck aufsetzen, und dazu gibt es viele hilfreiche Möglichkeiten, die Ausdruck von Agape-Liebe sein können. Ich habe davon vor allem im Kapitel über die Join-up-Interventionen geschrieben. Dort sind es zeitlich begrenzte Vereinbarungen, die klare Konsequenzen in Aussicht stellen, wenn dieses oder jenes Verhalten sich nicht ändert. Aber all dieser Druck bewirkt letztlich nur, dass das Negative aufhört.

Was man nie erzwingen kann, ist die Liebe, das Gute, die Hingabe, den Glauben, die Hoffnung und auch nicht den Gehorsam im Sinne des Join-ups.

Die Strafe kann ein Mittel sein, im Kind eine Verhaltensänderung auszulösen, die es von sich aus – auch mit aller Unterstützung – nicht zu leisten vermag. Das kann dann sein, wenn charakterliche Schwächen das verhindern. Oder wenn das Böse triumphiert, in Form von Neid zum Beispiel. Ein Kind, das jähzornig ist und in seiner Wut keine Grenzen kennt, kann durch den Einsatz einer Strafe so konditioniert werden, dass es durch die Aussicht auf eine Strafe in seiner Selbstkontrolle gestärkt wird. Niemals aber kann durch Strafen das Phänomen Jähzorn überwunden werden. Ein Kind, oder auch ein Erwachsener, das bzw. der seinen Jähzorn aktiv überwinden will, wird bei Gott offene Ohren und Unterstützung finden. Er sagt uns zu, dass wir im Join-up mit ihm nicht einfach ein bisschen geflickt, sondern neu gemacht werden.

Ein Kind, dem das Einfühlungsvermögen fehlt, wird unter Umständen trotz Ermahnung und Zuspruch übergriffig mit seinen Geschwistern umgehen. Hier können Strafen, eingebettet in die liebevolle Beratung, bewirken, dass ein Kind einen Ersatz für diese Einfühlung aufbaut, indem es sich aus Furcht vor Strafe korrekt verhält. Das ermöglicht wieder ein normales Zusammenleben, was so auch den Raum schafft für positive Erfahrungen und Entwicklungen.

Die wohl vorherrschendste Erscheinungsform des Bösen ist der Neid. Es ist jenes unselige Gefühl, das mich aus der eben noch empfundenen Zufriedenheit reissen kann, einzig deshalb, weil ich Kenntnis bekomme von etwas, was mein Nächster besitzt oder erreicht hat. Es ist jenes Gefühl, das Menschen dazu bringt, einen Privatkredit aufzunehmen, um auch so aufwändige Ferien zu machen wie der Nachbar. Der Neid bringt das Kind im Sandhaufen dazu, seinen Bagger fallen zu lassen, um den grösseren und schöneren eines andern Kindes an sich zu reissen. Der Neid ist die wohl wirksamste negative Triebfeder des Menschen, und es wäre fatal, die Kinder nicht darin zu unterstützen, dieses Unkraut in der Seele wahrzunehmen, zurückzustutzen bzw. auszureissen. Es ist sinnlos, einem Kind zu sagen: «Hey, du darfst doch nicht den Bagger deines Freundes nehmen, du hast ja selber einen!» Das Kind weiss das wahrscheinlich schon. Aber es ist dem Druck des Neides nicht gewachsen, so wenig wie jene Erwachsenen, die ihres Autos nicht mehr froh sind, weil der Nachbar ein neues gekauft hat, oder die dem Kind des Nachbarn den schulischen Erfolg nicht gönnen, weil das eigene Kind weniger begabt zu sein scheint. Die Belehrung, das Kind dürfe den Bagger des Freundes nicht einfach nehmen, wäre sogar kontraproduktiv, denn man würde es dazu verführen zu sagen: «Aha, okay, das habe ich nicht gewusst.» Nein, ein Kind weiss das wohl sehr genau.

Was aber, ausser schimpfen, kann man denn tun, wenn man sein Kind nicht körperlich bestrafen will? Hier eine Alternative: «Sehe ich das richtig, dass du Benjamin seinen Bagger nicht gönnst? (Hier gilt es, die Antwort abzuwarten!) Okay, dann möchte ich, dass du jetzt eine Weile für dich allein spielst. Vielleicht schaffst du es nachher wieder.» Aber wenn das Kind den armen Benjamin verprügelt hat, weil dieser seinen Bagger nicht losliess, wäre es wahrscheinlich sinnvoller zu sagen: «Wir versuchen das nächste Woche wieder. Bis dahin musst du alleine spielen.»

Wir fassen zusammen:

- Mit Strafen «vertreibt man das Böse» und schafft so Raum für das Gute, aber nicht das Gute selbst.
- Strafen müssen aus Agape-Liebe erfolgen und dem Kind auch als solche bewusst sein. Diesen Zusammenhang muss man dem Kind natürlich nicht erst dann erklären, wenn Strafen angesagt sind.
- Strafen tun weh, auch dem, der straft.

Körperstrafen sind vielerorts verboten, und ich kann jenen Eltern nicht zustimmen, die denken, es gelte in diesem Zusammenhang Gott mehr zu gehorchen als den Menschen und man müsse folglich die Kinder körperlich züchtigen. Körperstrafen sind nur äusserlich dasselbe wie damals, als die Bibel geschrieben wurde. Ich bin überzeugt, dass es darum geht, Kindern elterliche Führung, Korrektur und Druck nicht vorzuenthalten, auch dann, wenn das im Moment wehtut. Wie das geschieht, ist von untergeordneter Bedeutung; in welchem Geist es geschieht, ist zentral.

Im Zuge der Überwindung elterlicher Gewalt hat man aus meiner Sicht das Kind mit dem Bade ausgeschüttet. Leider ist in vielen Familien die Alternative zur körperlichen Gewalt eher noch schlimmer, sei es die Ohnmacht der Eltern oder seien es Formen psychischer Gewalt wie Demütigungen, Liebesentzug oder Gleichgültigkeit.

Christliche Erziehung wird oftmals auch heute noch gleichgesetzt mit Strenge, mit Engführung durch Verbote aller Art oder eben mit dem Anwenden körperlicher Gewalt. Vertrauenspädagogik geht einen anderen Weg.

Vieles von dem, was in diesem Buch steht, basiert auf den natürlichen Gegebenheiten. Sie erinnern sich an die entscheidende Frage: Kann es sein, dass der Mensch als einziges Wesen nicht mit dem Rüstzeug ausgestattet ist für eine erfolgreiche «Brutpflege»? Kann es sein, dass junge Affen, Mäuse, Störche und Entlein genau wissen, was sie zu tun haben, nur die kleinen Menschen nicht? Diese Frage haben wir klar verneint. Sowohl Erwachsene wie auch Kinder sind der Situation gewachsen, wäre da nicht die Sache mit dem Bösen auf der einen Seite und mit der langen Kultur einer Erziehung auf der andern Seite, die von der Minderwertigkeit der Kinder ausgeht.

Die am Anfang des Buches geschilderte Verzärtelung und Vergötterung der Kinder ist nur als Reaktion auf diese alte Tradition der Geringschätzung zu verstehen.

Der Join-up-Ansatz greift auf das schöpfungsgemässe Verhalten zurück und bildet so die Grundlage für eine christliche Erziehung.

Kinder, die ihre Eltern nicht ehren, die sich nicht unterordnen wollen bzw. können – kurz, die nicht im Join-up mit den Eltern leben, werden es schwer haben, das Evangelium von ihren Eltern anzunehmen. Deshalb ist das Buch so aufgebaut, wie Sie es vor sich haben.

Diese kostbare Beziehung geht oft schon in den ersten Jahren eines Kindes verloren. Deshalb wollen wir Kleinkindern ein besonderes Kapitel widmen, bevor wir uns dann über die besonderen Aspekte einer christlichen Erziehung unterhalten wollen.

8. Kleinkinder sind anders

Das Join-up-Konzept ist eine Art miteinander umzugehen, die im Grunde sämtliche Beziehungen umfasst. Es ist hilfreich, wenn ein Mitarbeiter mit seinem Chef im Join-up ist, ein Schüler mit dem Lehrer und die Bewohnerin mit dem Pflegepersonal. Die Grundregeln der Führung können für alle leicht angepasst werden.

Nur für eine Personengruppe ist es nicht so einfach: für die Kleinkinder, Kinder zwischen null und fünf bis sieben Jahren. Gut, dass sie bereits im Join-up zur Welt kommen. Wenn wir sie von innen her verstehen, dann werden sie im Normalfall im Join-up bleiben, was nicht heissen will, dass sie sich immer kooperativ verhalten. Da kann es vorkommen, dass Kinder erbittert um ein Spielzeug streiten, dass sie einander beissen und kratzen, sich Anordnungen widersetzen und dergleichen. Meist liegt das dann nicht an diesen Kindern, sondern an den widrigen Umständen, in die sie geraten sind. Sie haben nämlich einige ganz besondere Eigenschaften, die sie für bestimmte Situationen gänzlich ungeeignet machen:

Sie haben ein Gehirn, das man – zumindest im Jahre 2014, wo ich dies ergänze – gut mit einem Smartphone vergleichen kann. Ein solches Gerät kann fast alles, was ein Laptop kann, und sogar noch einiges dazu, z. B. telefonieren. Aber obwohl da viele Prozesse im Hintergrund gleichzeitig laufen, auf dem Display ist nur einer zu sehen, während der Bildschirm des Laptops verschiedene Prozesse gleichzeitig darstellen kann. Wenn ich also den iPhone-Fahrplan studiert habe, kann ich den Bildschirm nicht mit dem SMS- Programm teilen, um die Ankunftszeit meiner Frau mitzuteilen. Ich muss den Fahrplan schliessen, und dann erst kann es weitergehen. So ungefähr funktioniert das Bewusstsein eines Kleinkindes. Es kann nur einen Gedankengang gleichzeitig bearbeiten. Es hat deshalb auch nicht die Möglichkeit, sich in andere Menschen einzufühlen, und sieht die Welt nur aus seinem eigenen Blickwinkel. Das macht das Telefonieren mit einer Dreijährigen manchmal zu einer echten Herausforderung. Sie zeigt begeistert auf ihre Zeichnung und verliert das Bewusstsein darüber, dass ich sie am andern Ende nicht sehen kann. Dabei weiss eine Dreijährige das ja eigentlich sehr wohl. Aber sie kann einfach nicht beide Sichten der Welt, ihre und meine, gleichzeitig im Kopf haben. Kleinkinder können aus dem gleichen Grund auch nicht tricksen bzw. andere täuschen. Es ist ein Akt der Reifung, wenn das mit vier oder fünf Jahren anfängt, und Erwachsene durchschauen das dann sehr schnell. Umso tragischer ist es, wenn Eltern ihren Kleinkindern solches unterstellen.

Vorschulkinder leben nur im Augenblick und können die Folgen ihres Handelns deshalb oft nicht einschätzen. Sie können deshalb auch in ehrlicher Gesinnung versprechen, was sie später alles tun oder lassen wollen. Wenn es dann soweit ist, sieht die Sache oft völlig anders aus, und sie fühlen sich dann auch nicht an frühere Versprechen gebunden, weil sie im Moment nicht in den Kopf passen. Man kann mit ihnen deshalb auch nicht Join-up-Interventionen durchführen wie mit Schulkindern.

Zum Glück, wie gesagt, starten sie im Join-up und lassen sich von einfühlsamen Eltern auch einigermassen führen, solange diese nicht auf die Idee kommen, Kleinkinder kontrollieren zu wollen. Sie sind glücklicherweise auch klein und leicht genug, dass man sie im Bedarfsfall mit einem entschuldigenden «Oh, tut mir leid, aber jetzt muss ich dich ins Auto tragen, auch wenn dir das nicht passt.» unter den Arm nehmen kann.

Während ältere Kinder und Erwachsene manchmal «zwei Seelen in ihrer Brust» haben, hin und her überlegen, mehrere widerstreitende Gefühle in sich haben, sind Kleinkinder «reinen Herzens». Sie haben nur ein Gefühl gleichzeitig. Zwei Geschwister mit zwei und vier Jahren können deshalb ohne weiteres um fünf Uhr erbittert streiten, sich um zehn nach fünf herzlich umarmen und sich um halb sechs wieder in den Haaren liegen. Sie bearbeiten ihre Gefühle nacheinander, nicht gleichzeitig. Wenn sie lieben, lieben sie ganz, wenn sie zornig sind, sind sie auch das ganz.

Wir Erwachsenen können unsere Gefühle mischen. Das heisst, wenn wir jemanden sehen, der uns unsympathisch ist, können wir ihn gleichwohl grüssen, einfach, weil wir neben der Antipathie auch die Würde des Gegenübers im Auge haben können. Wenn uns jemand wütend macht, können wir gleichzeitig wahrnehmen, dass wir einander auch gern haben. Daraus ergibt sich ein anderes Verhalten als bei kleinen Kindern. Diese sind manchmal sehr direkt…

Wie aber soll man denn solche Kinder führen? Viele Eltern tun das, indem sie Kleinkinder einschüchtern bzw. alarmieren. Sie schlagen ihnen auf die Finger, wenn sie sich der Herdplatte nähern. Das funktioniert meist nur so lange, als die Drohung aufrecht ist. Vielleicht bleibt die Erfahrung nach den Regeln der Konditionierung auch haften. Oft aber pflanzen wir ungewollt den Gegenwillen ins kindliche Herz. Was wir in drohendem Ton – als Gegner gewissermassen – verbieten, wird in ihrem Kopf als «erstrebenswert, aber gefährlich» notiert. Sie haben das sicher schon selber beobachtet, wie ein drohendes «Fasse ja diese Schere nicht an!» eine Kinderhand fast magisch zur Schere hinzieht und wie manchmal selbst eine Warnung nichts mehr nützt.

Hilfreicher ist es, wenn wir – für das Kind spürbar – auf seiner Seite bleiben und mit seinen positiven Gefühlen arbeiten.

Das könnte sich dann etwa so anhören. «Uiuiui, diese Schere ist gefährlich. Schau einmal, wie die pikst. Die muss auf dem Tisch bleiben, sonst tut sie dir weh.» Was haben wir gemacht? Wir haben die Fürsorglichkeit des Kindes angesprochen. Fürsorglichkeit ist Kindern angeboren. Sie ist wie eine Art Vorwegnahme der späteren Möglichkeit, sich in andere einzufühlen. Man kann die Fürsorglichkeit auch gegenüber kostbaren Dingen wecken, wenngleich es manchmal doch sinnvoller ist, sie aus der Reichweite von Kindern zu entfernen.

Kleinkinder können schlecht mit Gleichaltrigen spielen, obwohl sie sich zu ihnen hingezogen fühlen. Sie sind dafür geschaffen, mit älteren oder jüngeren Geschwistern umzugehen. Erst mit etwa sieben Jahren entwickeln sie die Möglichkeit der Einfühlung, die für das Zusammenwirken mit anderen so wichtig ist. Es erstaunt deshalb nicht, dass die Einschulung seit der Einführung der Schulpflicht im 19. Jahrhundert ungefähr in diesem Alter erfolgte. Wir haben in unserer Zeit das Gefühl für diese notwendigen Reifungsprozesse verloren und leben in der seltsamen Vorstellung, dass es sich hier um Lernprozesse handelt.

Dieses kleine Kapitel möchte ich als Vorwegnahme einiger wesentlicher Gedanken verstanden wissen, die ich in den Büchern, die in Arbeit sind, vertiefen werde. Ich schliesse ihn ab mit einem leicht veränderten Sprichwort:

Was Hänschen nicht lernt, lernt Hans dann sehr wohl.

9. Christliche Erziehung

In der Schule hat man einen Lehrplan. Es geht darum, dass man nicht einfach irgendetwas unterrichtet, sondern zielgerichtet eben das, was die Gesellschaft als wichtig erachtet. Einen solchen Lehrplan gibt es für die Kindererziehung nicht. Wenn man Leute fragt, was denn eigentlich ihre Erziehungsziele seien, dann merkt man aber, dass solche existieren.

9.1. Erziehungsziele[6]

Zu einer guten Erziehung gehört es sicher, sich immer wieder über die eigenen Ziele Rechenschaft zu geben. «Wenn du nicht weisst, wo du hinwillst, musst du dich nicht wundern, wenn du woanders ankommst.» (Zitat unbekannter Herkunft). Ich habe ein paar gängige Erziehungsziele alphabetisch aufgelistet und lade Sie ein, sie einfach zum Spass nach der Wichtigkeit zu ordnen.

☐ «gesunder» Ehrgeiz
☐ Angepasstheit
☐ Durchsetzungsvermögen
☐ Kritikfähigkeit
☐ gute Leistungen in der Schule
☐ Ordentlichkeit
☐ Pünktlichkeit

---

6 Dieses Kapitel beruht in wesentlichen Teilen auf dem Buch von Tedd Tripp «Eltern – Hirten der Herzen», 3L Verlag

- ☐ Selbstverwirklichung (unter Christen kann man von Gaben sprechen, die man unbedingt entwickeln muss)
- ☐ sich wehren können

Haben Sie Ihre Wahl getroffen? Nun, ich hoffe, Sie haben es nicht allzu ernst genommen, denn eigentlich möchte ich mit dieser Liste nur zeigen, wie oft Christen Ziele anstreben, die eigentlich gar nichts damit zu tun haben, die Kinder fit für ein Leben mit Jesus zu machen. Viele dieser Zielsetzungen sind zwar menschlich, aber in diesem Sinne auch klar im Widerspruch zum Evangelium. Das wird deutlich, wenn wir eine zweite Liste betrachten.

Welchen Stellenwert haben folgende Aspekte oder Erziehungsziele daneben?

- eine gute Beziehung zu Gott aufbauen
- sich unterordnen können
- Unrecht ertragen können
- eigene Schwächen und Schwächen anderer annehmen können
- Neid und Missgunst überwinden, andern den Erfolg gönnen
- sich für andere einsetzen
- Dankbarkeit
- Geduld
- Beharrlichkeit
- Wertschätzung und Respekt gegenüber der ganzen Schöpfung
- der individuellen Berufung nachspüren

Vielleicht haben Sie Lust, auch hier eine Rangliste zu erstellen. Ich nicht, denn ich finde alle diese Ziele gleichermassen wichtig und unverzichtbar. Dennoch würde man sie wohl im Bewusstsein der wenigsten christlichen Eltern finden, während die ersten schnell einmal genannt werden. Nun, urteilen Sie selbst, welche Ziele bei Ihnen im Vordergrund stehen. Wenn Sie das Gefühl haben, dass Sie die Schwerpunkte verändern wollen, dann wünsche ich Ihnen viel Erfolg dabei. Das Beste ist wohl, sie machen diese Ziele auch Ihren Kindern gegenüber transparent. Vielleicht sogar auf einem Plakat, das an prominenter Stelle im Haus hängt. Bald einmal wird es allen auffallen, dass diese Ziele ja gar nicht Erziehungsziele sind, sondern Entwicklungsziele für die ganze Familie, unter denen sich jedes Mitglied jene aussuchen kann, die gerade aktuell sind.

Damit wären wir einmal mehr beim Punkt angelangt, wo wir schon öfters waren:

Erziehung ist in allererster Linie Selbsterziehung (und **Anleitung dazu**).

Kinder dahin zu führen, dass sie selbst sich weiterentwickeln wollen, geht wohl nicht ohne das gute Vorbild.

9.2. Unterordnung

Das Leben als Christ besteht in der freudigen Unterordnung unter Jesus als unsern Herrn. Wenn Ihnen diese Sprache nicht geläufig ist, dann verstehen sie den folgenden Satz jetzt sicher besser: Christsein bedeutet: im Join-up mit Jesus leben oder auch im Join-up mit Gott.

Wenn wir wollen, dass unsere Kinder dereinst so zu Gott stehen, sollten wir ihnen vorleben, dass Unterordnung nichts Unwürdiges bzw. Entwürdigendes ist und Übergeordnetsein nichts zu tun hat mit Macht und Willkür. Erinnern wir uns daran, welche Würde Jesus jenen gab, die im Join-up mit Ihm leben: Wir sind nicht Knechte, sondern Söhne und Töchter. Gott hat uns im Gebet eine grosse Vollmacht gegeben. Er lädt uns geradezu ein, auf Ihn Einfluss zu nehmen. Eine Unterordnung im Sinne des Join-ups ist also geprägt durch gegenseitiges Vertrauen. Nun, unsere Kinder werden spüren, wie sehr wir im Join-up sind mit Gott, vor allem dann, wenn wir seine Wege nicht verstehen. Sie werden genau beobachten, ob wir dann am Vertrauen festhalten oder ob wir das Join-up verlassen. Wie wir Unterordnung leben, können die Kinder aber vor allem in unserm Umgang mit Vorgesetzten beobachten. Welche Beziehung haben wir als Eltern zu Behörden und Politikern? Geniessen sie unsere Wertschätzung und unsere Loyalität oder werden sie belächelt, angefeindet, verachtet und verhöhnt an unserm Tisch? Sind Polizisten unsere «Freunde und Helfer» oder sind sie die «Bullen», die ohnehin immer die kleinen Sünder drannehmen? Wie reden wir am Tisch über Lehrkräfte? Geniessen sie unsern Respekt und unsere Wertschätzung? Oder erwarten wir gar, dass die Kinder sich Leuten unterordnen, die das gar nicht verdienen? Wie reden – ja, wie denken wir über die Vorgesetzten am Arbeitsplatz? Unsere Kinder werden das genau wahrnehmen und ihre Schlüsse ziehen, was man von Unterordnung halten muss. Wichtig ist, dass die Kinder uns als Menschen erleben, die keine Angst haben, ihre Würde zu verlieren, wenn sie sich unterordnen. Auch und gerade dann, wenn die Übergeordneten Dinge tun, die schwer verständlich sind.

Wer übergeordnet ist, soll seine Leitungsfunktion so ausüben, dass es den Untergeordneten leichtfällt, ins Join-up zu kommen und dort zu bleiben.

Väter sollen sich als Haupt der Familie verstehen, wie Christus das Haupt der Gemeinde ist. Ein Agape-Haupt also, das die Führungsrolle als Dienst versteht und nicht als Legitimation, die eigenen Interessen durchzusetzen.

9.3. Ehret Vater und Mutter

Dieses Gebot hat einen prominenten Platz in den Zehn Geboten. Dabei heisst es nicht «Liebet Vater und Mutter!», sondern eben «ehret». Das ist etwas anderes. Auch hier geht es für uns als Eltern zunächst darum, die eigenen Eltern zu ehren. Die Grossmama ist dann eben nicht das leicht demente «Gröseli», über das man Scherze macht, sondern eine Frau, deren Würde gewahrt wird. Kinder dahin zu führen, die Eltern zu ehren, geschieht am besten so, dass Mütter über der Ehre der Väter wachen und umgekehrt. «Ich möchte nicht, dass du in diesem Ton mit deiner Mutter sprichst», ist wesentlich wirksamer, als wenn die Mutter selbst den Respekt einfordern muss, während der Vater sich mit der Zeitung beschäftigt.

9.4. Das Vaterbild

Eine ganz besondere Bedeutung im Leben eines Menschen hat die Art, wie er den Begriff «Vater» füllt. Dieser Begriff spielt mit, wenn wir das «Unser Vater» beten. Jesus hat uns gelehrt, Gott «Vater» zu nennen. Es ist für eine christliche Erziehung deshalb von entscheidender Bedeutung, was die Kinder für ein Vaterbild entwickeln. So wie wir unseren Kindern begegnen, so werden sie zunächst einmal die Beziehung Gottes zu den Menschen einschätzen. Wenn der Vater – oder natürlich auch die Mutter – jemand ist, der die Kinder dauernd kritisiert und zurechtweist, werden sie das auch von Gott so erwarten. Wenn sie ihren Vater als fürsorglich und liebevoll erleben, werden sie das «Gott ist die Liebe[7]» authentischer mitsingen können.

Wenn sie den Vater als willkürlich erleben, der vorschnell urteilt und verurteilt, werden sie zunächst von Gott nichts anderes erwarten und ihn deshalb vielleicht nie näher kennenlernen wollen.

Unser Verhalten als Eltern prägt das Gottesbild. Welch eine Verantwortung! Gut, wenn wir selber einen gnädigen Gott haben, der uns nicht nur lehrt, mit unsern Kindern gnädig zu sein, sondern diese Verantwortung mit Freude zu tragen im Wissen, dass die Bemühung bei Gott – und bei unsern Kindern – mehr zählt als der Erfolg. Kinder sind selten nachtragend, so wenig wie Gott. Folgen wir ihrem Beispiel!

Ein wichtiges Element der Vaterrolle ist es, dass er ein wesentliches Signal setzt, ob der Glaube auch Männersache sei oder ob er geistliche Dinge der Mutter überlässt. Für Jungen ist das entscheidend, denn sie orientieren sich an ihrem Vater.

Und wenn die Kinder ihren Vater – oder auch die Mutter – nur am Besuchswochenende sehen? Kann sich so auch ein gutes Vaterbild entwickeln? Hier ist es entscheidend, dass sich beide Elternteile ihrer Verantwortung bewusst sind. Eine gute Beziehung kann sich auch in kurzer, aber intensiver Zeit entwickeln. Was dazu Voraussetzung ist: Das Kind muss spüren, dass es für die Mutter okay ist, wenn es mit dem Vater im Join-up ist, und umgekehrt. Wenn sich das widerspricht, ist die Entwicklung eines guten Vaterbildes erschwert und damit auch die Entwicklung eines Gottesbildes, das zum Join-up mit Ihm einlädt.

---

7 Ein Sonntagsschullied, das mein Topfavorit war und das heute noch in Sonntagsschulen gesungen wird.

Gott sei Dank darf ich hier schreiben «erschwert» und nicht «verunmöglicht». Wie ist es, wenn der Vater gänzlich abwesend ist? Dann dürfen wir hoffen, dass die Mutter weise genug ist, stabile Beziehungen zu männlichen Bezugspersonen einzufädeln und deren Einfluss auf das Kind zu bejahen und zu unterstützen.

9.5. Das Gebet

Es ist nicht in erster Linie entscheidend, was für eine Gebetskultur in Ihrer Familie herrscht, ob Sie zum Beispiel das gemeinsame freie Gebet kennen oder nicht. Wichtiger ist, dass die Kinder spüren, dass das Gebet nicht «etwas für die Kinder» ist.

Viele Familien kennen das Tischgebet, und alle finden das schön. Wenn der Papa aber aus irgendeinem Grund einmal allein isst und die Kinder beobachten, dass er für sein Essen weder dankt noch es segnet, werden sie ihre Schlüsse ziehen. «Aha, Erwachsene tun das nicht. Man macht es nur für die Kinder!» Und im Restaurant? Dankt man da nicht für das Essen? Was ist denn jetzt mit dem Kinderlied «... will du chasch rede, es Menschechind bisch, seisch du Gott Danke fürs Esse ufem Tisch.[8]»? Man kann hier getrost verschiedener Meinung sein. Wichtig ist, dass man die Frage mit den Kindern thematisiert. Wenn sich die Kinder schämen, ist es okay, wenn jeder für sich betet. Wenn es für die Eltern selbstverständlich ist, wird es auch für die Kinder okay sein.

Das Tischgebet kann frei formuliert sein oder aber fest formuliert. Schön ist es, wenn man es irgendwie schafft, dass das Gebet nicht einfach zu einem Ritual verkommt. Und noch

---

8 Es ist ein bei unsern Enkeln beliebtes gesungenes Tischgebet, das sagt, dass die Kühe muhen, die Hunde bellen, die Menschen aber reden können und deshalb ihrem Gott für das Essen danken.

etwas: Schauen Sie nicht nach, ob die Kinder auch in der gewünschten Gebetshaltung dasitzen. Schliessen Sie die Augen, konzentrieren Sie sich auf das Gebet und denken Sie nicht an Ihre Kinder. Das ist die beste Garantie, dass diese das auch tun. Sollten diese hingegen laut sein, kann man sagen: «Wer keine Freude hat, für das Essen zu danken, der soll erst nach dem Gebet an den Tisch kommen.» So merken die Kinder, dass es Ihnen ernst ist. Sorgen Sie allerdings dafür, dass ein Kind auch wirklich frei ist, erst nachher zu kommen. Manch ein Kind wird das austesten wollen. Sobald die Kinder sehen, dass sie auch dann geliebt sind, wenn sie nicht die Hände falten, werden sie frei sein es zu tun – echt und nicht als religiöse Übung. Andere Kinder werden nur dasitzen und ihren Gedanken nachhängen. Lassen Sie ihnen Zeit. Gehen Sie voran und vertrauen Sie darauf, dass Ihr Vorbild wirkt. Aber aufgepasst: Die Kinder kooperieren nicht mit Ihren gefalteten Händen oder den geschlossenen Augen, sondern mit Ihrem Herzen. Sie haben wie einen siebten Sinn dafür, was echt und was gespielt ist. Und wenn einmal dicke Luft ist? Wenn gar niemand Lust hat für das Essen zu danken? Dann lassen Sie es getrost – vielleicht haben Sie aber die Kraft, so zu beten: «Herr, Du siehst das Chaos an unserem Tisch. So kommen wir denn zerstritten vor Dich. Trotzdem möchten wir danken für diese Mahlzeit und sie segnen. Sei Du spürbar unter uns.» Wichtig ist einzig, dass nicht die Idee aufkommt, man könnte sich vor Gott blamieren – keine Angst, er weiss mehr über den Konflikt als alle Beteiligten. Und es ist schön zu wissen, dass wir in allen Lebenslagen zu Ihm kommen dürfen.

Lassen Sie Ihre Kinder teilhaben an Ihrem Gebetsleben; so, wie Sie es tun, wird es auch für Ihr Kind normal werden. Wichtig ist, dass es echt ist. Irgendwie scheint es mir, dass die kommende Generation Mühe hat mit dem Unechten. Beten Sie für Ihre Kinder – dann, wenn Sie an der Bettkante sitzen, aber auch dann, wenn es niemand sieht. Vertrauen Sie auf die Kraft des Gebetes. Schön ist es, wenn Sie zusammen mit Ihrem Partner bzw. Ihrer Partnerin das gemeinsame Gebet pflegen und dann und wann Ihre Kinder einbeziehen.

Wer weiss, vielleicht entwickelt sich daraus eine Familienandacht. Ich habe das in meiner Familie als sehr bereichernd erlebt, vor allem von dem Moment an, als es uns gelang, die Teilnahme wirklich freiwillig zu machen und nicht nur scheinbar. Wenn also ein Kind wusste: es ist okay, wenn ich jetzt keine Lust habe.

Natürlich darf und soll man mit den Kindern darüber reden, dass es neben dem Lustprinzip auch noch etwas anderes gibt, nämlich die Treue, die auch Selbstdisziplin verlangt. Aber auch hier gilt, wie fast überall: Wenn Sie selber diszipliniert sind und Ihre Zeiten der Stille und Besinnung einhalten, auch dann, wenn Sie nach menschlichem Ermessen keine Zeit haben, ist das für Ihre Kinder mehr wert, als viele Predigten über Selbstdisziplin. Und jene, die aus der Energie der Eltern lebt, ist keine. Lehren Sie aber Ihr Kind, seine Gebetsanliegen aufzuschreiben, und fragen Sie dann und wann nach, wie sich die Dinge entwickeln. Feiern Sie zusammen ein Fest, wenn Gebete sich so erfüllt haben, dass Sie es merken. Es gibt ja auch die andern, wo wir im Ungewissen bleiben. Vielleicht machen Sie auch einmal ein Fest für die Erhörung dieser Anliegen.

Auch Kinder können Kranken die Hände auflegen, laden Sie sie dazu ein. Das Gebet der Kinder hat mindestens soviel Macht wie das der Erwachsenen. Wie sagte Jesus? «Dir geschehe nach deinem Glauben.» Und hier sind uns die Kinder manchmal einen Schritt voraus.

9.6. Glauben

Wenn Sie eine pessimistische Grundhaltung haben, immer erwarten, dass das Schlimmste eintritt, wenn Sie Angst vor der Zukunft haben und davor, zu kurz zu kommen, werden sich Ihre Kinder wohl nicht von Ihrem Glauben anstecken lassen – was nicht heisst, dass sie nicht trotzdem engagierte Christen werden. Erstens gibt es da ja noch die spiegelbildliche Kooperation und zweitens gibt es nicht eine Eins-zu-eins-Imitation durch die Kinder. «Gott sei Dank», mag man geneigt sein zu sagen. Nun, ich denke, sie verstehen, wie ich es meine. Glaube heisst nicht, das für wahr zu halten, was in der Bibel steht, Bedenken zu haben, wenn irgendwo die Zahl 666[9] auf einer Autonummer steht, und auch nicht unter grosser Anstrengung auf einen Seitensprung zu verzichten, weil Christen das ja nicht tun dürfen. Glaube ist die feste Überzeugung, dass im Join-up mit Gott das erfüllteste Leben ist, das es gibt. Glaube ist die Lust, zu dieser Beziehung zu stehen und sie nicht in der Privatheit zu ersticken. Ein solcher Glaube wirkt ansteckend, ist aber wie gesagt auch keine Garantie dafür, dass die Kinder ihn ihrerseits ergreifen.

Und wenn Sie einmal Ihren Zweifel mit den Kindern teilen, wird das ihren Glauben eher stärken als schwächen, denn sie spüren, dass der Zweifel – wie die Sünde – seine zerstörerische Kraft verliert, wenn er ausgesprochen ist. Und die Kinder werden sich getrauen, auch ihre Zweifel zum Thema zu machen, anstatt zwei Naturen zu entwickeln: eine, die den Eltern gefällt, und eine andere, die echt ist. Kommen wir zu einem Thema, das für Kinder besonders wichtig ist.

---

9 Zeichen des Antichristus in der Offenbarung

9.7. Gerechtigkeit

Kinder haben einen sehr ausgeprägten Gerechtigkeitssinn, der es den Eltern oft nicht leicht macht. Nun, dagegen ist vorerst nichts einzuwenden. Eltern, die immer beide Seiten anhören, bevor sie sich ein Urteil bilden, verschaffen sich Respekt, auch dann, wenn - wie im Fall mit der Klage über den Lehrer - diese Tugend für das Kind auch einmal mühsam werden kann. Die Sicht der Kinder brühwarm zu übernehmen, lädt geradezu ein, da und dort ein bisschen zu übertreiben. Das Wissen, dass die Eltern beide Seiten anhören, bevor sie urteilen, hilft einem Kind, sensibler zu werden im Umgang mit der Wahrheit.

Gerechtigkeit kann aber auch zum Götzen werden, dann nämlich, wenn sie sich als Gesetzlichkeit präsentiert oder als Haltung, die alle «gleich behandelt». «Es gibt nichts Ungerechteres als die Gleichbehandlung von Ungleichen!» schrieb 1994 Dr. Aiga Stapf, eine Begabungsforscherin. Es ist nicht einfach, Kindern das beizubringen, aber es führt kein Weg daran vorbei, wenn sie die göttliche Art der Gerechtigkeit begreifen sollen.

Das Evangelium macht frei, auch frei von den eigenen Prinzipien und frei von den Regeln, die man zusammen ausgehandelt oder einseitig gesetzt hat. Früher brauchte man in solchen Situationen die alten Begriffe wie Gnade und Barmherzigkeit. Heute spricht man von Ausnahmen, die in bestimmten Situationen gemacht werden dürfen bzw. müssen, damit die Regeln im Dienste der Menschen bleiben und nicht umgekehrt.

Einen Aspekt haben wir bereits beleuchtet, der in diesem Zusammenhang sehr wichtig ist. Es schadet Kindern in den seltensten Fällen, wenn sie für Verfehlungen nicht bestraft werden, aber es macht sie bitter, wenn sie zu Unrecht verdächtigt oder gar verurteilt werden.

Die Frage allein: «Hast du Geld aus meinem Portemonnaie genommen?», kann das Join-up mit dem Kind gefährden. Die bange Frage: «Trauen meine Eltern mir so etwas zu?», kann in einem Kind eine tiefe Vertrauenskrise auslösen. Und eigentlich wollen wir ja, dass es auch für ein Kind undenkbar ist. Ja, und wenn es schon einmal vorgekommen ist? Nun, dann sind wir an einem Punkt angekommen, wo sich christliche Erziehung abheben muss:

Schuld, die vergeben ist, darf in solchen Situationen nicht wieder herangezogen werden.

Auch unsere eigenen Verfehlungen gelten ja bei Gott als im Meer versenkt, dort, wo es am tiefsten ist[10]. Wir dürfen und müssen davon ausgehen, dass ein Kind den gleichen Fehler nur einmal macht. Also gilt die Unschuldsvermutung auch dann, wenn das Kind schon einmal Geld aus dem Portemonnaie genommen hat. Und man hüte sich, diese Frage zu stellen. Allenfalls könnte man so fragen: «Fabian, ich vermisse Geld in meinem Portemonnaie. Hast du eine Idee, wo ich heute oder gestern Geld ausgegeben haben könnte?» Aber diese Frage stellt man besser nicht nur Fabian, sondern allen. Und wenn es zu einer Überführung oder besser zu einem Geständnis kommt, gilt es so mit dem Vergehen umzugehen, wie Gott es mit unsern Fehlern macht. Es gilt auf der einen Seite das Prinzip von Saat und Ernte. Die Strafe hat eine wichtige Funktion für ein Kind. Fällt sie zu milde aus, ist das Kind vielleicht im Augenblick froh, aber gleichzeitig fühlt es sich als jemand, dem man die Schuldfähigkeit abspricht, und das ist eine Demütigung, an die die wenigsten Erwachsenen denken.

10 Aus dem Propheten Micha, Kapitel 7, Vers 19

Es ist eine Form des Nicht-ernst-Nehmens. Ich erinnere mich, dass einst eine Gruppe Sekundarschüler Geldspielautomaten mit Gewalt aufgebrochen hat, um den Inhalt in Alkohol und Zigaretten zu investieren. Als sie erwischt wurden, waren sie zunächst recht betreten, ein paar Wochen später hörten sie erleichtert, dass sie nur einen schriftlichen Verweis erhalten würden und das Geld zurückgeben müssten. Es war an uns Lehrkräften, zusammen mit den Eltern eine Strafe zu verhängen, die die Welt für die Jungs wieder in Ordnung brachte. Sie verbrachten zehn Mittwochnachmittage in einem Sozialdienst. Sie berichteten zwar, dass das meist Spass mache, aber sie belächelten die Strafe nicht mehr.

Dann aber muss es vorbei sein. Für mich läge da der wesentliche Unterschied zwischen Jugendstrafrecht und dem Strafrecht für Erwachsene: Wenn Jugendliche und Kinder in ihrer Schuldfähigkeit ernst genommen werden, dann ist die Chance gross, dass Strafen auch die Wirkung nicht verfehlen und es möglich machen, auf den Eintrag «vorbestraft» in unsern Herzen, Köpfen und Strafregistern zu verzichten. Die Schuldfähigkeit der Kinder beginnt schon sehr früh. Sie beginnen ja auch sehr früh, sich als Richter zu fühlen, und begründen ihre Gewalt z. B. mit einem Übergriff des kleinen Bruders. Sie finden es demnach «gerecht» zuzuschlagen. Wer will da sagen, dass kleine Kinder nicht schuldfähig seien? Entscheidend für einen segensreichen Umgang mit der Thematik ist, dass ein Kind im Moment, wo es bestraft wird, ein Schuldbewusstsein haben muss. Sonst wird eine Strafe immer kontraproduktiv sein. Sie wird Verbitterung auslösen, wie ich es schon von etlichen Jugendlichen gehört habe, die sich geradezu berechtigt fühlten, das noch zu tun, wofür man sie ja bereits bestraft hatte. Ein Kind, das schuldbewusst ist, das von seinem schlechten Gewissen geplagt wird, wird eine

Strafe akzeptieren, ja bisweilen sogar suchen, weil sein Gerechtigkeitssinn danach verlangt. Es ist demnach problematisch, Kindern zu sagen: «Wenn ihr es zugebt, dann verzichte ich auf eine Strafe.» Entscheidend ist etwas anderes: Dass ein Kind spürt, dass wir einen Unterschied machen zwischen dem Kind als Person auf der einen Seite und seiner Verfehlung auf der andern. Die Trauer und Enttäuschung über ein Verhalten verträgt sich gut mit der Liebe zum Kind an sich. Solange ein Kind das spürt, braucht es keine billigen Amnestieversprechen, um etwas zuzugeben.

Vieles von dem, was wir bis jetzt betrachtet haben, ist Ausdruck von dem, was Luther mit «Liebe» übersetzt hat.

9.8. Liebe

Es gibt, wie erwähnt, drei verschiedene Arten von Liebe, wohl auch zwischen Eltern und Kindern. Es ist da zum einen Eros, die körperliche Liebe, wie sie in Form von sexuellen Übergriffen vorkommt. Über dieses hässliche Phänomen haben andere genug geschrieben. Nur etwas liegt mir am Herzen: So grauenhaft es ist, wenn einem Kind so etwas passiert, so sollte es von uns als Christen nie hören müssen, dass es dadurch beschädigt sei für sein ganzes Leben, sondern, dass es Heilung gibt und Versöhnung in jeder Situation.

Wir brauchen den Begriff Liebe zwischen Eltern und Kindern meist mit der Bedeutung Philia, dem griechischen Wort für die Liebe zwischen Freunden. Philia ist ein Gefühl. Man freut sich, wenn man sich sieht, man freut sich aneinander, leidet miteinander, und man leidet bei der Trennung.

Zwischen Eltern und Kindern soll aber vor allem auch jene Liebe zum Tragen kommen, die in der Bibel Agape genannt wird. Sie ist kein Gefühl. Agape drückt sich aus durch das Wissen zusammenzugehören, durch Solidarität, durch Verantwortung, die auch dann nicht aufhört, wenn die Gefühle in die andere Richtung zeigen. In gesunden Familien ist Agape auch zwischen Geschwistern wirksam. Sie ist es, die Geborgenheit vermittelt, auch dann, wenn man die Philia nicht spürt. Dieses tiefe Wissen und Vertrauen: Die lassen mich nicht fallen, egal, was kommt, schafft einen guten Boden dafür, Gottes Liebe zu uns zu erfassen und in uns wirksam werden zu lassen. So, dass Agape sich nicht mehr nur auf die Familienangehörigen bezieht, sondern auf den «Nächsten» schlechthin. Und nicht nur auf Menschen, sondern auf die ganze Schöpfung. Zuallererst aber auf den Schöpfer selber.

Die Liebe zu Gott ist undenkbar ohne das Bewusstsein, dass es neben der sichtbaren auch eine unsichtbare Welt gibt, die letztlich bedeutsamer ist, als das, was wir vor Augen sehen.

9.9. Die unsichtbare Welt

Zum Christsein gehört die bewusste Abkehr vom reinen Materialismus. Kinder haben einen viel unverkrampfteren Zugang zu Ahnungen, zum Wissen also, das nicht durch die Sinne in den Kopf gekommen ist. Sie leben viel unmittelbarer mit ihrem Schutzengel als Erwachsene. Vielleicht ging es Ihnen wie mir, und man hat Sie auch früh dazu erzogen, allem zu misstrauen, was mit übersinnlichen Erfahrungen zu tun hat. Ich musste es als Erwachsener ganz bewusst wieder zulassen, dass ich plötzlich spüre, was jemand denkt. Früher hätte ich mich nicht getraut das auszusprechen. Ich denke, wir tun gut daran, uns als Eltern ganz bewusst mit diesen Phänomenen auseinanderzusetzen, unsere Kinder ernst zu nehmen, wenn sie sagen, sie hätten ein dummes Gefühl beim Gedanken, dies oder jenes zu tun oder zu unterlassen. Gott spricht auch und gerade zu Kindern. Lehren wir sie, das ernst zu nehmen, anstatt sie auf einen reinen Materialismus zurückzustutzen, wie es vielen Erwachsenen unserer Zeit einst erging. Lehren wir sie aber, auch kritisch zu sein und die «Geister zu prüfen»[11]. Ich möchte Sie ermutigen – falls Sie nicht schon längst dabei sind – sich mit diesen Dingen zu befassen, damit Sie Ihre Kinder gerade in diesen heiklen Bereichen führen können, anstatt zu sagen: «Lass das Prüfen und verzichte auf das Gute!» (Oder wie war das doch gleich?[12])

11 1. Johannes 4,1

12 Im 1. Brief des Paulus an die Thessaloniker Kapitel 5 Vers 21 steht es so: «Prüfet alles und das Gute behaltet.»

10. Zusammenfassung

Liebe Leserin, lieber Leser!

Die meisten Eltern, die einen Erziehungskurs besuchen oder ein Buch über Erziehung lesen, tun das, weil sie feststellen, dass etwas in ihrer Beziehung zu den Kindern nicht stimmt. Sie stellen vielleicht fest, dass die Kinder nicht machen, was man ihnen sagt, frech sind, lügen oder stehlen usw. Sie erwarten dann, dass sie Hilfe bekommen, wie sie mit Kindern umgehen sollen, die solches tun.

Das Join-up-Prinzip geht einen andern Weg. Wir gehen davon aus, dass Kinder von Natur aus dazu bestimmt sind, den Eltern und älteren Familienangehörigen zu folgen, und ebenso, dass Eltern und ältere Geschwister eigentlich von Natur aus geeignet sind, ihre Kinder bzw. ihre kleineren Geschwister zu führen. Das ist bei den sozialen Tieren nicht anders. Es liegt in der Natur der Sache, dass Kinder im Join-up mit ihren Eltern leben. Was bedeutet das? Dass sich ein Kind den Eltern vertrauensvoll anschliesst, sich ihnen freiwillig und aus Überzeugung unterordnet und dabei seine eigenen Fähigkeiten entwickelt, zunimmt an Verantwortung für sich und andere. Aber auch, dass Eltern Vertrauen haben in ihre Kinder, in deren Leistungs- und Lernfähigkeit, aber auch, was ihren Charakter anbelangt.

Es ist relativ einfach, ein Kind in ein solches Join-up mit den Eltern zu führen, fast so einfach, wie es ist, ein Pferd für ein Join-up zu gewinnen. Auch solche Kinder, die schon jahrelang im Widerstand gegen die Eltern gelebt haben. Es ist deshalb möglich, weil es in der Natur der Sache liegt. Schwieriger ist es, sie dort zu halten.

10.1. Was braucht es, dass ein Kind ins Join-up kommt?

1. Statt Signale der Unterordnung müssen die Eltern Signale der Überordnung, der Entschlossenheit und der Stärke senden. Solche Signale sind allerdings ohne Wirkung, wenn sie nur aufgesetzt sind. Kinder spüren das sofort.
2. Das Kind muss seine Bindung an die Eltern und seine Abhängigkeit und Bedürftigkeit wahrnehmen können. Die Eltern sind es, die den Hunger und den Durst stillen, ein Obdach geben, Hilfestellungen bieten, aber auch Geborgenheit, Liebe und Zärtlichkeit vermitteln.
3. Die Eltern müssen darauf vertrauen, dass die Bindung der Kinder an die Eltern ungeheuer gross und fast unzerstörbar ist. Sie müssen die Angst überwinden, bei den Kindern in Ungnade zu fallen, wenn sie Forderungen durchsetzen und ihre Führungsrolle wahrnehmen.

Fast alle Kinder durchleben dieses Stadium, solange sie klein sind. Oft verlassen sie das Join-up schon sehr früh, weil ihnen das Bewusstsein ihrer Abhängigkeit verloren geht und weil unser traditionelles Erziehungsverhalten fast zwangsläufig dazu führt (siehe die Kapitel 4 und 8: «Bindungskräfte und Gestaltungskräfte», vor allem aber jenes über die Kleinkinder). Fast das ganze Verhaltens-Repertoire der Eltern bezieht sich nämlich auf Kinder, die nicht im Join-up leben.

Wie gesagt, alle Kinder sind irgendwann in einem solchen Join-up mit den Eltern, und sie lassen sich relativ leicht wieder dahin zurückführen.

10.2. Was aber muss man tun, dass sie dort bleiben?

Man muss dem Vertrauen der Kinder Sorge tragen, man muss alle Vorurteile gegenüber dem Kind ablegen, denn sie werden und wurden genährt aus der Erfahrung mit Kindern, die im Widerstand und in der Auflehnung leben. Ja, und die meisten Vorurteile haben mit dem Kind selber gar nichts zu tun. Sie sind seit Generationen in den Köpfen der Menschen.

1. Tragen Sie zum Vertrauen der Kinder Sorge:
   a. Senden Sie Signale der Über-, nicht der Unterordnung! Bedienen Sie z. B. Ihr Kind nur dann, wenn das von diesem als freiwillig wahrgenommen wird.
   b. Unterstellen Sie ihm keine bösen Absichten (obwohl sie bei allen Menschen dann und wann vorhanden sind.)
   c. Feinden Sie Ihr Kind nie in erzieherischer Absicht an oder kurz: Schelten Sie Ihr Kind nicht, denn ein Kind im Join-up trauert mit Ihnen über sämtliche Missgeschicke und Verfehlungen.
   d. Achten Sie darauf, dass Ihr Kind im Join-up Ihren Taten und Haltungen folgt. Verzichten Sie deswegen auf dauernde Belehrungen und Korrekturen und vor allem: Sorgen Sie dafür, dass Gedanken, Gefühle und Taten mit dem übereinstimmen, was Sie Ihrem Kind sagen.
2. Respektieren Sie die Würde Ihres Kindes:
   a. Gehen Sie davon aus, dass das Kind – genau wie Sie – meist (aber nicht immer) ehrenwerte Gründe hat, etwas zu tun. Fragen Sie nach diesen Gründen, bevor Sie sich eine Meinung bilden.
   b. Respektieren Sie das Gerechtigkeitsbedürfnis Ihrer Kinder, jener, die Unrecht erleiden, und auch jener, die Unrecht tun.

c. Übergriffiges Verhalten, Verhalten also, das die Grenzen anderer missachtet, muss korrigiert werden.
   i. am besten durch die Betroffenen selbst. (Das wäre dann das Austragen eines Konfliktes.)
   ii. oder aber durch Sie als Eltern.

3. Geben Sie dem angeborenen Trieb Ihres Kindes, etwas selber machen zu wollen, den nötigen Raum. Nehmen Sie in Kauf, dass nicht alles perfekt ist und es oft auch mehr Zeit beansprucht.
4. Übertragen Sie mehr und mehr Verantwortung auf das Kind und akzeptieren Sie, wenn irgend möglich, wie es diese Verantwortung dann wahrnimmt. Gängeln Sie Ihr Kind nicht. Geben Sie Aufträge, die einen Gestaltungsspielraum lassen, anstatt Schritt-für-Schritt-Anweisungen, und anerkennen Sie so die Urteilsfähigkeit Ihres Kindes.
5. Vermeiden Sie es, Ihr Kind zu ermahnen und laufend im Verhalten zu korrigieren. Denn letztlich sind das Bezeugungen Ihres fehlenden Vertrauens in seine Fähigkeiten und Qualitäten und in seinen guten Willen.
6. Verzichten Sie weitgehend auf Lob und Tadel. Das Konzept von Zuckerbrot und Peitsche passt nicht zum Join-up, weil es letztlich manipulativ ist und nicht zur Entwicklung von echten Motiven führt. Kinder, die nur noch Lego spielen, wenn sie dauernd gelobt werden, mögen als Bild hier genügen.
7. Anerkennen Sie stattdessen die Bemühungen Ihres Kindes. Beachten Sie es. Freuen Sie sich über seine Erfolge und trauern Sie mit ihm über die Niederlagen.
8. Durchleben Sie mit Ihrem Kind die Hochs und Tiefs des Lebens. Lassen Sie es teilhaben an Ihren Hoffnungen und...
9. ...vergessen Sie möglichst oft, dass Sie eigentlich am Erziehen sind.

Ja, und wenn mein Kind dann doch ganz anders reagiert? Wenn es dann trotzdem...? Nun, dann können Sie gewiss sein, dass Sie mit Belohnungen und Bestrafungen, mit Demütigungen und Beschimpfungen, mit Machtkämpfen oder gar mit Gewalt kaum mehr erreicht hätten. Am allerwenigsten mit der unseligen Idee, Kinder gerade dann, wenn es ihnen schlecht geht, aus Ihrer Nähe zu verbannen und sie irgendwo hinzuschicken, wo sie dann alleine sind und daran zweifeln, angenommen und geliebt zu sein.

Kinder kann man nicht machen. Sie sind Wesen, die Gott sei Dank eigenständig sind und keine Produkte unserer Hand. Alles, was wir tun können, ist es, für sie die besten Voraussetzungen zu schaffen, dass sie zu ihren Defiziten und Schatten stehen können, konstruktiv damit umgehen und die Hilfe dort holen, wo sie zu finden ist: In der Begegnung mit Gott, der uns ins Join-up ruft mit Ihm, mit seinem Sohn und dem Heiligen Geist.

11. Bonus Pack

Liebe Leserin, lieber Leser!
Im Folgenden liste ich einige praktische Umsetzungsimpulse auf, die Ihnen helfen mögen, das Join-up-Prinzip in Ihrem Alltag anzuwenden und so mehr und mehr vom Erziehen wegzukommen hin zum Führen Ihres Kindes. Vieles von dem, was in den früheren Kapiteln steht, ist aus unserer Sicht allgemeingültig und entspricht Naturgesetzen. Mag sein, dass wir uns irren und die Dinge in Wirklichkeit anders liegen. Aber auf jeden Fall sind es nicht einfach Meinungen, die man so oder anders sehen kann. Mit den Aussagen über die Bibel ist es ähnlich. Vielleicht ist für Sie die Bibel weniger massgebend als für uns, aber wenn sie es ist, dann sollten Sie unsere Aussagen an ihr prüfen. Vielleicht kommen Sie dennoch zu andern Schlüssen, dann wären wir froh um eine Rückmeldung. Auf jeden Fall sind auch unsere Aussagen über das, was Kinder auf dem Weg zum Glauben an Christus unterstützen kann, nicht als Meinungen zu verstehen, sondern als unsere Interpretation dessen, was die Bibel lehrt.

Anders im Folgenden. Hier geht es um unsere Meinungen. Vielleicht leben Sie in Ihrer Familie ganz anders, und Sie setzen das Join-up-Konzept ganz anders um. Vielleicht aber interessiert es Sie, wie wir uns das ganz praktisch umgesetzt vorstellen könnten und wie wir das selber leben wollen, was den Umgang mit unsern Enkeln angeht. Nehmen Sie das heraus, was Sie anspricht. Neben diesen praktischen Hinweisen flechte ich dann und wann auch theoretische Überlegungen ein, um zu verdeutlichen, wie dieses praktische Handeln mit dem Join-up-Prinzip zusammenhängt.

11.1. Vom «Gehorsam» zur Verantwortung

Wiederholung: Dass Kinder Gehorsam lernen, gehört zu den wichtigsten Erziehungszielen. Viele wohlmeinende Eltern versuchen, diesen Lernprozess zu erzwingen, dabei kann man ein Kind zwar zu einem Verhalten zwingen, aber niemals zum Gehorsam.

Gehorsam im biblischen Sinn ist etwas grundsätzlich Freiwilliges. Genauso wie die Liebe oder das Vertrauen.

Dass ein Kind sich den Eltern unterordnen muss, liegt auf der Hand, aber auch diese Unterordnung kann nicht erzwungen werden, höchstens die billige Kopie davon, die man gelegentlich «Kuschen» nennt. Wie man ein Kind zum Gehorsam führen kann, ist ein zentrales Anliegen des Join-up-Konzeptes. Die folgenden Beispiele sollen helfen, ein Kind nicht nur ins Join-up zu führen, sondern auch, es darin zu halten.

Ein wichtiger Schritt in diese Richtung ist es, das Kind einzuladen, in verschiedenen Bereichen immer mehr Verantwortung für sein Leben zu übernehmen. Eltern, die dem Kind das Gefühl geben, seinen Gestaltungswillen, seinen angeborenen Trieb zu mehr Autonomie und Eigenverantwortung unterdrücken zu wollen, laufen Gefahr, ihr Kind entweder in ein rebellisches Verhalten zu führen oder dann in ein resigniertes. Umgekehrt wird ein Kind, das spürt, dass die Eltern ihm und seinen Fähigkeiten viel zutrauen, es leichter haben, im Join-up zu bleiben und im freiwilligen Gehorsam dort, wo über es entschieden wird.

Es ist zentral, dem Kind Schritt für Schritt dort Verantwortung für sein Leben zu übergeben, wo es sie tragen kann. Im Folgenden dazu ein paar Beispiele:

Ein Kind weiss selber, wann es müde ist

Ein Kind weiss grundsätzlich selber, wann es müde ist, und sollte daher mit der Zeit auch lernen, selber zu bestimmen, wann es zu Bett gehen will. Leider steht dem unsere traditionelle Erziehung entgegen. Wir neigen dazu, dem Kind beizubringen, dass wir selber besser wissen, wann es müde ist. Wir entkoppeln so zwei Dinge, die eigentlich zusammengehören: Müdigkeit und Schlaf. Ganz schwierig wird es dann, wenn die Eltern das Schlafengehen als Strafe missbraucht haben.

Vielleicht ist das alles schon geschehen, wenn Sie dieses Buch zur Hand nehmen, und Sie stellen fest, dass es dem Kind schwerfällt, seinen nötigen Schlaf zu finden. Dann braucht Ihr Kind Unterstützung. Vielleicht wäre es für ein Kind schon einfacher, wenn der Laptop nach 21:00 Uhr in der Obhut der Eltern wäre. Mindestens für eine gewisse Zeit. Sobald das Kind am Morgen wieder ausgeruht ist, kann es einen neuen Versuch machen, die Verantwortung für den Laptop-Deckel zu übernehmen. Vielleicht schiebt ein Kind seine Schulaufgaben vor sich her, dann braucht es hier Beratung und vielleicht auch Druck. Kinder treffen gerne Abmachungen und setzen sich auch gerne einem Druck aus. Sobald Abmachungen getroffen sind, sind Eltern und Kinder im gleichen Boot. Beide trauern, wenn es zur abgemachten Konsequenz kommt, und beide freuen sich, wenn der Erfolg eintritt. Nicht mehr die Eltern, die um elf Uhr die Nachtruhe durchsetzen wollen, sind dann die Gegner, sondern das Handy, das eine zu grosse Versuchung darstellt und deshalb die Nacht ausserhalb des Kinderzimmers verbringen muss...

Ein Kind merkt selber, wann es friert

Lassen Sie einem Kind früh die Freiheit in diesem Bereich, aber reden Sie Klartext mit ihm über Umweltschutz und Energiekosten. Und vor allem, heizen Sie so, dass Ihr Kind selber merkt, dass ein T-Shirt im Winter nicht die richtige Bekleidung ist. Es gibt hier allerdings Ausnahmen. ADS-Kinder haben ein vermindertes Körpergefühl. Das verändert die Situation. Hier müssen Eltern manchmal Dinge anordnen, die dem Kind völlig unverständlich sind. Wie gut, dass auch ADS-Kinder im Joinup sein können.

Ein Kind lernt früh, welche Kleider sich für welchen Zweck eignen

Auch beim Stil der Kleider ist es ab einem bestimmten Alter nicht mehr sinnvoll, Anweisungen zu geben, sondern dem Kind vielmehr durch Tipps zu helfen. Die nachfolgenden Beispiele sollen dies verdeutlichen.

Ein Kind will nicht mit den Wanderschuhen auf die Wanderung mitkommen. Wir geben dem Kind zu bedenken, dass dabei das Verletzungsrisiko zu gross ist und wir es so nicht mitnehmen wollen. Also zwingen wir das Kind nicht, Schuhe anzuziehen, sondern zu wählen, ob es an der Wanderung teilnehmen will (mit Schuhen) oder nicht. Das mag dann und wann schwierig umzusetzen sein, muss aber auch nicht öfters wiederholt werden. Das Schöne an dieser Vorgehensweise: Sie steuern als Eltern nur Ihr eigenes Verhalten und überlassen es dem Kind, für sich die Konsequenzen daraus zu ziehen.

Das Beispiel mit dem Kind, das keine Jacke mit auf die Wanderung nehmen wollte, habe ich oben schon ausgeführt.

Ein Kind kann schon früh Mitverantwortung übernehmen

Es ist wichtig, dass das Kind lernt, als Glied der Familiengemeinschaft Mitverantwortung zu übernehmen und nach seinen Kräften mitzutragen:

- Alle tragen einen Rucksack auf der Wanderung, auch wenn er sehr klein und leicht ist.
- Das Kind hilft mit beim Aufwischen des Sirups, auch wenn es länger dauert, als wenn Mami es alleine tut.
- Auch das kleinste Kind kann einen Legostein wegräumen, für die andern ist vielleicht ein älteres Geschwister oder der Papi zuständig.

Nicht vergessen: All diese Dinge sollte man nicht erzwingen, sondern – gerade bei kleinen Kindern – flexibel sein.

Sehr oft müssen wir zwar als Eltern für unser Kind Entscheidungen fällen. In den meisten Fällen aber gibt es eine Möglichkeit, dem Kind eine Wahlfreiheit zu lassen. Vergleichen Sie die nachfolgenden Aussagen:

- «Schalte den Fernseher aus. Fang gar nicht erst an mit diesem Match. Es gibt ja sonst um neun ein Riesentheater, wenn du während des Matches auf dein Zimmer gehen musst!»
- «Möchtest du gleich jetzt aufs Zimmer gehen oder den Match bis neun schauen?»
- «Räume den Geschirrspüler ein, putze den Tisch und bring die leeren Flaschen in den Keller!»
- «Möchtest du lieber die Küche machen oder staubsaugen?»

Sie spüren sicher den Unterschied: Wie wohltuend, jene Fragen, die dem Kind einen angemessenen Gestaltungsspielraum geben und es ihm erleichtern Führung anzunehmen. Es spürt, dass Sie sein Bedürfnis nach Mitbestimmung ernst nehmen.

Beziehen Sie Ihr Kind in die Hausarbeiten mit ein.

Wenn wir das Kind in die Hausarbeit miteinbeziehen, müssen wir darauf achten, ihm vorzuleben, dass Arbeit etwas Erfüllendes und nicht ein Übel ist.

Auch wenn wir beim Einbezug der Kinder vielleicht mehr Zeit brauchen, als wenn wir die Arbeit alleine tun, ist es wichtig, das Kind in unsere Welt bzw. in unsere Arbeit miteinzubeziehen. Wenn Sie bügeln, darf Ihr Kind auch bügeln. Wenn Sie kochen, soll Ihr Kind auch kochen...

Auch Geschwister können führen

Da, wo mehrere Geschwister sind, ist es wichtig, die älteren Kinder für die Betreuungsarbeit einzuspannen. Ganz vieles können Kinder einander lehren.

So kann die grosse Schwester bereits ihrem Bruder zeigen, wie man Taschentücher bügelt, oder der grosse Bruder kann seiner kleinen Schwester zeigen, wie man Beeren abliest. Er darf das Unkraut ausrupfen, und die Schwester darf ihm helfen, indem sie es in den Kübel wirft. (Je nach Kultur und Sprachgebrauch dürfen Sie im obigen Satz statt «dürfen» «müssen» einsetzen.)

Ruhezeiten sind wichtig

Nach getaner Arbeit ist es auch wichtig, Ruhephasen im Alltag zu planen und dem Kind aufzuzeigen, dass es auch Zeiten braucht, wo jedes seinen Neigungen nachgehen darf. Erwachsene lesen vielleicht, Kinder hören eine Kassette...

Das Bedürfnis nach Erholung und Alleinsein darf, ja muss deklariert werden. Hier ist es wichtig, dass Kinder selber die Verantwortung für die Verwendung dieser Zeit übernehmen. Es ist nicht die Verantwortung der Eltern, dass sie sich in dieser Zeit wohlfühlen und ja nicht etwas Langeweile haben.

11.2. Die Familie als inspirierende Gemeinschaft

Ein Kind will gesehen, nicht gelobt sein

Nebst dem Einbezug der Kinder in unsere Welt und den Ruhezeiten, wo jedes seinen eigenen Neigungen nachgehen kann, ist es wichtig, z. B. auf dem Spielplatz, Anteil an der Welt des Kindes zu nehmen.

In der Kinderwelt ist es dem Kind nicht in erster Linie wichtig gelobt, sondern gesehen zu werden. Wenn es sagt: «Schau mal!», dann meint es zunächst einmal nicht: «Beurteile meine Leistung! Sag mir, dass ich gut bin.» Es ist wichtig, das Kind nicht immer wieder zu loben für seine Schaukelkünste, sondern sich mit ihm zu freuen und ihm zu zeigen, dass es uns freut, wie es ihm Spass macht.

Wenn das Kind nur spielt, wenn man es dauernd lobt, und ohne das Lob den Spass am Spiel verliert, dann ist schon ziemlich viel verdorben.

Wenn Sie mit Ihrem Kind spielen, dann spielen Sie! Kinder wollen nicht, dass wir sie gewinnen lassen, auch wenn verlieren weh tut. Übrigens gibt es wunderbare Spiele, bei denen sich diese Frage gar nicht stellt: Beachten Sie im Shop auf unserer Webseite die Sammlung von kooperativen Spielen, Spielen also, wo man nicht gegeneinander, sondern miteinander spielt.

Geben Sie sich dem Spass im Sandkasten hin und freuen Sie sich an der Burg. Vor allem aber, tun Sie nichts, um damit den Kindern oder den andern Erwachsenen zu imponieren. Rutschen Sie wirklich gern die Rutschbahn runter? Die Kinder machen ja jetzt auch, wozu sie Lust haben, und das sollen auch die Erwachsenen tun und ehrlich zu sich selber bleiben, denn das Kind merkt es ja sowieso, wenn Sie gelangweilt seiner Eisenbahn zuschauen.

Floskeln sind nicht wertlos

«Bitte» ist eine wichtige Floskel, denn in unserer Kultur ist es unhöflich zu befehlen. Und trotzdem braucht es Befehle. So verstehen Kinder auch sehr schnell, was es heisst: «Stell jetzt bitte sofort den Fernseher ab!» Wenn ein Kind das nicht verstehen will und sich – ermutigt durch einen neunmalklugen Kollegen vielleicht – auf den Wortlaut «bitte» beruft, als bestünde eine Wahlmöglichkeit, dann wird ihm vielleicht die folgende Erklärung helfen: «Weisst du, ‹Schalte bitte den Fernseher aus› heisst eigentlich Folgendes: 1. Schalte den Fernseher aus! 2. Tu es bitte ohne schlechte Gefühle mir gegenüber, so, wie wenn es freiwillig wäre, denn ich sage das wohlüberlegt und auch in deinem Interesse.»

Es ist wichtig, dass das Kind lernt, durch eine korrekte Sprache keinen Anstoss zu erregen. Letztlich ist unsere Sprache voll von Floskeln, die oftmals wenig Bedeutung haben, die aber dennoch eine gewisse Grundhaltung signalisieren und deren Fehlen manchmal ein unüberhörbares Signal darstellt. Daher sollte es nicht Ihr Bemühen sein, solche Floskeln zu vermeiden. Es gibt in der Kindererziehung weit relevantere Übungsfelder für Transparenz und Ehrlichkeit.

Neben dem Wort «bitte» gibt es andere Floskeln, die meist auch nicht das wert sind, was sie eigentlich aussagen, wie die Worte:

- Danke
- Gesundheit
- Würdest du bitte...
- Ich möchte (statt ich will)...
- Darf ich...

- Pass auf dich auf!

Jede dieser Floskeln kann je nach Kontext wieder mit ihrem Inhalt versehen werden, das muss aber heute oftmals ganz bewusst wieder unterstrichen werden.

Der Umgang mit Eigentum

Das Kind muss lernen, dass man Dinge, die nicht explizit allen zur Verfügung stehen, ungefragt weder nehmen noch verwenden darf. Daher ist es auch wichtig für das Kind, dass Sie klar deklarieren, was allen zur Verfügung steht: Früchte, Brot, Wasser, evtl. Sirup, Besen… Bei Eigentum, das nicht explizit allen zur Verfügung steht, soll das Kind sich angewöhnen zu fragen.

Wenn das Kind Sie nach der Schere fragt, wäre es hingegen eine unglückliche Floskel, wenn Sie sagten: «Bring sie aber ja wieder zurück!», denn hier wird dem Kind unterstellt, dass es etwas Elementares nicht weiss. Das Kind könnte diese Ermahnung aber auch so verstehen: «Aha, wenn man die Dinge wieder zurückbringen soll, dann sagen das die Eltern, sonst bin ich frei, die Schere irgendwohin zu legen, wenn ich sie nicht mehr brauche.

Besser ist es, wenn das Kind sie nicht zurückbringt, zu fragen: Hast du vergessen, meine Schere zurückzulegen? Ich vermisse sie. Das vermittelt dem Kind, dass Sie von ihm erwarten, dass es selber merkt, was hier korrekt wäre. Rechnen Sie aber mit seinen Versäumnissen genauso wie mit Ihren eignen.

In Situationen, wo Sie zögern, Ja zu sagen, wenn das Kind Sie um etwas bittet, ist es wichtig, Ihr Zögern konkret zu thematisieren, damit das Kind es nachvollziehen kann. Erklären Sie ihm zum Beispiel: «Schau, ich habe den Hammer gestern zufällig im Rasen gefunden, ganz rostig. Das kommt mir jetzt gerade in den Sinn, wo du nach der Schere fragst. Verstehst du, dass ich zögere? Wie bringst du das in Ordnung? Möchtest du den Hammer jetzt entrosten oder heute Abend?»

Ebenso wichtig, wie dass die Kinder bei den Erwachsenen bitten, ist es, dass auch die Erwachsenen die Kinder fragen, wenn sie etwas von ihnen brauchen.

Konsequenzen in der Kindererziehung

Irrtümer und Versäumnisse haben unangenehme Konsequenzen, aber sie sollten nicht bestraft werden. Es braucht im Normalfall auch keine Vorwürfe, denn ein Kind ist selber betroffen, wenn es ein Glas fallen lässt oder wenn es etwas vergessen hat, es sei denn, man hat ihm diese natürlichen Reaktionen abgewöhnt mit Sätzen wie: «Das ist doch nicht so schlimm, es ist ja nur... Scherben bringen Glück.» Leider erfahren die Kinder allzu oft, dass sie beschimpft werden (ich nenne es gerne «angefeindet»), wenn ihnen ein Lapsus passiert. Man unterstellt ihnen grobe Fahrlässigkeit oder zumindest, dass es ihnen gar nicht leidtut. Paradoxerweise verzichtet man aber oft darauf, es die Folgen tragen zu lassen. Ich plädiere für das Gegenteil. Wenn das Kind weiss, was es braucht, bis das Kabel geflickt ist, das es zerschnitten hat, wird es nächstes Mal genauer überlegen, was es macht. So ist es völlig unnötig, dem Kind irgendetwas zu unterstellen, auch wenn es legitim ist, sich über ein zerschnittenes Kabel zu empören. Und auch die Frage: «Was hast du dir dabei gedacht?», ist berechtigt, aber es muss eine echte Frage sein.

Kinder sollen lernen, die Folgen ihres Handelns zu tragen. Auch dann, wenn es für die Erwachsenen sehr mühsam ist und zusätzliche Zeit und Arbeit kostet.

So ist es wichtig, dass eine zerbrochene Tasse betrauert, geleimt oder mit dem Kind zusammen ersetzt wird.

Es ist wichtig, dass das Kind sich bei der Bewältigung von irgendwelchen Malheuren beteiligt: Es wischt den ausgeleerten Sirup selber auf, und Mami hilft mit. Mami stellt den Blumentopf wieder auf, aber das Kind hilft mindestens mit beim Einsammeln der Erde usw.

11.3. Tischgemeinschaft

Die Tischgemeinschaft ist etwas absolut Zentrales. Hier wird der Stil einer Gemeinschaft geprägt. Darum kommt dem Zusammenleben am Tisch eine grosse Bedeutung zu. Das wird auch im gesellschaftlichen Leben früher und heute sichtbar, so hat Jesus das Abendmahl gestiftet und nicht einen Erinnerungstanz, was ja auch möglich gewesen wäre.

«Dieser (Jesus) isst mit den Zöllnern und Sündern!» Das war schlimmer, als einfach mit ihnen zu sprechen.

Viele politische und wirtschaftliche Entwicklungen werden an Banketten und Dinners entworfen und vorangetrieben.

Da die Tischgemeinschaft einen so zentralen Stellenwert hat, wollen wir uns dafür ein bisschen mehr Zeit nehmen.

Was die Erwachsenen beachten sollten

Als Eltern sollten wir dafür sorgen, dass die gemeinsame Mahlzeit etwas Schönes ist.
Dies geschieht zum einen durch Rituale wie:

- gemeinsamer Essensstart
- gemeinsamer Essensabschluss.

Essensstart oder -schluss können durch Gebet, Singen oder andere Rituale markiert werden.

Die Tischgemeinschaft ist nicht der Ort, wo Konflikte ausgetragen werden. Wenn ein Kind zurechtgewiesen werden muss, verlassen beide den Tisch.

Wichtig ist, dass sich die Erwachsenen auch untereinander an diese Regel halten. Die Erwachsenen regulieren die Rede-Anteile. Dabei ist darauf zu achten, dass die Kinder ebenso das Recht haben zu sprechen wie die Erwachsenen. Aber Kinder sollen dabei lernen, auch einmal schweigen zu müssen und nicht zu viel Raum einzunehmen. Fatal ist es, wenn man die Tischgemeinschaft – vielleicht um Zeit zu sparen – dazu missbraucht, die Kinder zu belehren oder zurechtzuweisen.

Kinder kommen zu spät

Die Tischgemeinschaft sollte zum Mittelpunkt, ja zu einem Höhepunkt im Alltag werden, so dass jedes Kind, das zu spät kommt, etwas Schönes verpasst. So trauern wir auch mit ihnen, wenn sie zu spät kommen, und lassen sie spüren, dass sie etwas verpasst und uns gefehlt haben. Sie müssen aber auch akzeptieren, dass sie vielleicht gerade einen Moment warten müssen, bis sie etwas bekommen, und nicht alle alles stehen und liegen lassen, ihre Gespräche unterbrechen und dergleichen.

Wenn ein Kind chronisch zu spät an den Tisch kommt und ihn möglichst schnell wieder verlassen will, dann liegt das vielleicht mehr an der Qualität der Tischgemeinschaft als am Charakter des Kindes. Wenn Sie denken, dass es eher am Kind liegt, dann wäre hier eine Intervention nötig: «Joel, hör zu, mir fällt auf, dass du regelmässig zu spät kommst. Warum ist das so?» «Ich weiss es auch nicht, ich möchte halt meist noch etwas fertig machen.» «Uns stört das. Kannst du das überwinden?» Wenn ein Kind es aus eigenem Antrieb nicht schafft, dann hilft meist ein Coaching, das der Join-up-Intervention gleicht. Wenn es Druck braucht, dann soll dieser abgesprochen sein. Wichtig ist, dass das Kind die Mama auf seiner Seite wahrnimmt und nicht als Gegnerin.

Kinder weinen am Tisch

Wenn ein Kind am Tisch weint, ist es wichtig, Verständnis für die Emotionen zu zeigen und ihm keine «Terror-Absichten» zu unterstellen.

Aber sollte das Kind unsere Gemeinschaft dadurch – wahrscheinlich ungewollt – stören, ist es wichtig, ihm klarzumachen, dass es den Tisch verlassen muss, weil wir Ruhe wollen, und nicht, weil es etwas Falsches macht. «Wenn du weinen musst, ist das okay, bitte gehe in die Stube, bis du dich beruhigt hast.» Manchmal braucht es dann jemanden, der das Kind begleitet, damit die Not erträglich bleibt.

Kinder essen nicht, was auf den Tisch kommt

Isst ein Kind nicht, was auf den Tisch kommt, stellt sich erst einmal die Frage, ob es damit eine Bezugsperson imitiert. Dann trauern wir gemeinsam: «Wow, schade, dass du das nicht geniessen kannst wie wir.» (Achtung, dies sollte nicht gespielt und geheuchelt, sondern echt sein.)

Es ist meist keine Lösung, dem Kind ein anderes Menu zuzubereiten. Brot und Früchte sind ein vollwertiger Ersatz für das Menu. Wichtig ist es, das Kind für ein Trainingsprogramm zu gewinnen: Es soll von allem ein bisschen probieren müssen. Eine Ausnahme ist sicher, wenn die Speise dem Kind widersteht. Rechnen Sie auch damit, dass ein Kind manchmal ganz schnell den Geschmack ändert. Was gestern geschmeckt hat, kann ihm heute widerstehen. Machen Sie also nicht zu viel Druck, sondern leben Sie vor, wie schön es ist, wenn man das Essen geniessen kann.

Kinder sollen sich gerade Speisen, die sie nicht besonders lieben, selber schöpfen dürfen und selber entscheiden, wie viel sie auf den Teller nehmen wollen. «Möchtest du selber schöpfen, oder soll ich für dich? Du sagst ‹stopp›, wenn es genug ist.» Das macht meist Spass und gibt dem Kind die Verantwortung über die Menge. Doch was geschöpft ist, wird gegessen, notfalls bei der nächsten Mahlzeit.

Kinder streiten

Konflikte unter Kindern sind normal und sollen ausgetragen werden dürfen. Aber wir sollen den Kindern die Chance geben, selber einen Weg zu finden. Darum sollten wir vorsichtig sein mit einem übereilten Einnehmen einer Schiedsrichterrolle. Oftmals kopieren ja die grösseren Kinder unser Verhalten und nehmen Einfluss auf (je nachdem vermeintliches) Fehlverhalten der kleineren Geschwister. Zudem laufen wir als Erwachsene Gefahr, vorschnell Partei für die kleineren Kinder zu ergreifen und so natürliche Hierarchien zu stören.

Doch bei streitenden Kindern am Tisch ist es wichtig, ihnen verständlich zu machen, dass hier nicht der richtige Ort ist, um Konflikte auszutragen:

- «Wir wollen nicht, dass ihr am Tisch Konflikte austragt. Wenn ihr nicht warten könnt bis nach dem Essen, dann geht zusammen raus.»
- «Geht auf eure Zimmer. Nach dem Essen helfe ich euch, wenn ihr Hilfe braucht. Ihr könnt nachher in Ruhe essen und wir jetzt auch.»

Tischmanieren

Gute Tischmanieren haben viel mit dem Vorbild der Erwachsenen zu tun. Was Erwachsene nicht vorleben, lässt sich Kindern nicht nachhaltig beibringen, sondern höchstens mit Druck.

Sobald dieser Druck wegfällt, verhält sich das Kind wie die Vorbilder.

Kinder sollen erfahren, dass sie im Blick auf die Tischmanieren das eine wie das andere noch lernen müssen bzw. dürfen. Sobald sie sich manierlich benehmen, wird das positiv vermerkt. Verhalten sich Kinder unmanierlich, ist das kein objektives Problem, sondern ein subjektives. Dies sollte auch so kommuniziert werden: «Mich stört es, wenn du...» Nicht: «Man darf nicht...»

Tischmanieren durchzusetzen darf nur ausnahmsweise Priorität haben. Denn uns sollte bewusst sein, Kinder imitieren das Verhalten der Erwachsenen automatisch. Solange Kinder klein sind, muss man Tischmanieren nicht «durchsetzen», sondern zeigen, das genügt in der Regel. «Schau, Mami und ich haben beide Ellbogen ein bisschen unter der Tischkante, kannst du das auch?» Wenn das dann allzu ulkig aussieht, wird es Zeit, den Stuhl des Kindes mit ein bis zwei Kissen kindgerecht auszurüsten. Wie soll ein Kind sonst das Verhalten der Eltern imitieren?

«Schau, Martin, deine kleine Schwester kann noch nicht mit geschlossenem Mund kauen wie Mami und ich. Wie steht es bei dir?» Mehr braucht es nicht. Wenn Martin selber noch klein ist und er es im Moment vielleicht noch nicht schafft, so ist doch in seinem Kopf verankert: «Man(n)» kaut mit geschlossenem Mund!

Wenn Kinder mit schlechten Manieren provozieren, dann haben sie ihre Gründe. Darum gilt es oftmals, nicht ihr Verhalten zu ändern, sondern die Gründe zu verstehen und da anzusetzen. Oft kann es hilfreich sein, das Kind zu nehmen und mit ihm die Tischgemeinschaft zu verlassen. Hier sollte versucht werden, eine Klärung zu erreichen und Abmachungen zu treffen. Und vor allem gilt es, sich die Frage zu stellen:

Sind wir im Join-up miteinander? Wenn ja, dann wird ein solches Gespräch dazu führen, den guten Willen des Kindes zu wecken. Mehr kann man nicht. Wenn nein, dann gilt es, das wahrzunehmen und daran zu arbeiten und nicht einfach äusserliche Dinge durchzusetzen.

Rückmeldung an die Küche

Rückmeldungen gehören zum Essen als Ausdruck von Dankbarkeit und Wertschätzung. Doch Komplimente machen nur Sinn, wenn auch kritische Rückmeldungen Platz haben. Dabei ist es wichtig, dass sie subjektiv vorgetragen werden: «Ich möchte noch ein bisschen Salz...» statt «Es ist zu wenig gesalzen...»

Abräumen

Alle Erwachsenen und alle Kinder helfen beim Abräumen. Auch die Kleinsten werden einbezogen. Selbst wenn es für jede Gabel einen Gang braucht...

11.4. Wer grüsst wen?

Der Gruss ist ein Sozialverhalten, das nicht nur die Menschen kennen. Fast alle sozialen Wesen haben ein Verhalten, das man als Grüssen interpretieren kann bzw. muss. Hunde beschnuppern sich bei dieser Gelegenheit. Auch bei uns Menschen wäre die Art und Weise, wie man sich nähert, genau geregelt. Grüssen heisst ja eigentlich: «Hallo, Mitmensch. Ich bin dir freundlich gesinnt, ist das bei dir auch so?» Es liegt von daher auf der Hand, dass der Untergeordnete das zuerst sagt, denn er ist als Schwächerer am Frieden besonders interessiert. Daneben gibt es jene Situation, wo jemand sich einer Gruppe Menschen nähert. Hier sagt der Gruss eigentlich: «Hallo, ich bin neu jetzt auch hier. Ich komme in friedlicher Absicht.

Rechnet mit meiner Anwesenheit (unterbrecht vielleicht gewisse Gespräche).» Hier gilt der Heimvorteil, das heisst, wer sich nähert, der grüsst, wer schon da ist, erwidert den Gruss. Anders ist es, oder vielmehr war es, wenn jemand deutlich Übergeordneter sich einer Gruppe näherte. Wir kennen das aus Filmen, wo die Leute Bücklinge machen, wenn die Kutsche des Königs vorbeifährt. Ich erinnere mich noch, dass wir als Schüler aufstanden, wenn der Lehrer ins Zimmer kam. Das war unser Gruss, dann erst kam seine Erwiderung: «Guten Morgen, setzt euch.» Die letzten beiden Verhalten gehören ins Reich der Vergangenheit. Es gefällt mir besser, dass wir keine Bücklinge mehr machen, wenn Bundesräte vorbeifahren, aber ob es wirklich ein Fortschritt war, dass heute Lehrkräfte vor Klassen stehen und warten, bis diese den Unterricht zulassen, bezweifle ich. Vor allem angesichts der Tatsache, dass es sich um instinktgesteuertes Verhalten handelt bzw. handeln würde. Es sind Verhalten, die ohne viel Aufsehen klären, wer hier wem untergeordnet ist. Wenn diese Signale fehlen oder gar, wie es heute üblich ist, ins Gegenteil verkehrt sind, häufen sich die falschen Hierarchiesignale, was Verwirrung auslöst. Oftmals wird dann die Hierarchie mühsam und druckvoll wieder zurechtgerückt, und man fragt sich, warum die Kinder so aufsässig sind. Der Rat ist hier einfach:

Achten Sie auf richtige Hierarchiesignale, das erleichtert es Kindern sich unterzuordnen.

Lehren Sie Ihr Kind früh zu grüssen, wenn es einen Raum betritt oder sich einer Person nähert. Bei schüchternen Kindern kann das ziemlich lange gehen. Erst reifere Kinder können ihre Schüchternheit aus eigenem Antrieb überwinden. Jüngere Kinder brauchen hier manchmal liebevolle Unterstützung.

Wenn Sie wollen, dass es möglichst nicht zu solchen Szenen kommt, dann achten Sie beim nächsten Besuch bei Ihren Verwandten darauf, dass Sie vorausgehen und die Anwesenden grüssen (zuerst die Erwachsenen und dann erst die Kinder). Die Chance, dass Ihr Kind dasselbe tut, ist gross, auf jeden Fall grösser, als wenn Sie hereinkommen, Ihr Kind vor sich herschieben und sagen: «Geh, grüsse den Onkel und die Tante.» Eigentlich spürt Ihr Kind instinktiv, dass es sich Ihnen anschliessen sollte anstatt vorauszugehen. Wer vorausgeht, ist übergeordnet. Sie kennen die höfliche Redensart «Bitte nach Ihnen!» Das Gefühl des Kindes sagt ihm: «Es ist an meinen Eltern, mit der Art des Grusses den Grad der Vertrautheit zu verdeutlichen, nicht an mir.» Falls Sie jetzt den Kopf schütteln, was ich für ein Aufheben mache wegen des Grüssens, dann rate ich Ihnen, das zweite Kapitel nochmals zu lesen. Vielleicht hilft Ihnen auch die folgende Geschichte: Beim letzten Besuch meiner Schwägerin warnte sie uns vor dem Hauseingang, dass wir nicht darüber erschrecken sollten, was sie jetzt mache: Sie hielt ihren Pudel an der Leine hinter sich und ging mit energischen Schritten von Raum zu Raum und machte eine kurze Runde. «Wisst ihr, wenn er vorausgeht, dann markiert er überall Türpfosten und Topfpflanzen.»

Es wurde Zeit, dass die Menschen im Umgang mit den Hunden lernten, auf deren Instinkte zu achten, anstatt sie zu prügeln, wenn sie an die Wände pinkeln. Wann sind wir mit unsern Kindern so weit?

12. Infobriefe

Ein wesentlicher Teil unserer Arbeit als Fachstelle besteht in der Betreuung jener Menschen, die sich entschliessen, VP in ihrem Alltag umzusetzen. Dazu gehören insbesondere auch die monatlichen Infobriefe. Seit einem Jahr enthalten sie nicht nur einen kurzen Text, sondern auch den Link zu einem Video, das das Monatsthema vertieft. Wir haben unten ein paar Beispiele abgedruckt. Es sind jene, die immer wieder etwa zitiert werden. Auf unserer Webseite finden Sie alle Infobrieftexte samt Kommentaren. Ich hoffe, es stört Sie nicht, dass sie in der Du-Form verfasst sind.

12.1. Dienstleistungen herunterfahren?

Mai 2013

«Ich habe die Dienstleistungen schon ziemlich heruntergefahren, aber es bringt alles nichts», sagte letzthin eine Frau zu mir, die nicht verstand, warum ihre Tochter auf Oppositionskurs blieb. «Keine Join-up-Intervention funktioniert.» Einmal mehr musste ich an jene Stelle im Buch denken, die man leicht missverstehen kann, und ich nahm mir vor, die Sache im nächsten Rundbrief zu thematisieren. Nun, wann soll man die Dienstleistungen herunterfahren? Dann, wenn ein Kind das Bewusstsein verloren hat, dass es die Eltern braucht, und sich innerlich von den Eltern distanziert hat, wie es oft vorkommt, wenn Kinder gleichaltrigenorientiert sind, wenn Druck und Gegendruck

Alltag geworden sind, wenn es Eltern nicht gelingt, mit den Kindern überhaupt ins Gespräch zu kommen, ja, dann kann es sinnvoll sein, ein Zeichen zu setzen. Zum Beispiel so: «Bis wir uns einig sind, wie der Morgen sich abspielen soll, möchte ich dich nicht mehr wecken. Es ist für dich und für mich so nur eine Belastung.» Solange aber das Gespräch möglich ist, ist eine solche Massnahme ziemlich sicher kontraproduktiv.

Es ist wichtig, dass wir die Eltern-Kind-Beziehung als Liebesbeziehung wahrnehmen. Wir alle haben ein Gefühl dafür, dass Liebesbeziehungen sich nicht mit gewissen Dingen vertragen. Drohungen zum Beispiel oder gar Ultimaten. Ganz allgemein ist es das Wesen von Liebesbeziehungen, dass es eben keinen Druck braucht. Druck beschädigt die Liebesbeziehung, genauso wie Beschimpfungen und Anklagen. Unter Erwachsenen ist uns das klar, namentlich unter Verliebten. Denken wir aber daran, dass es heute noch Kulturen gibt, wo es üblich ist, Frauen zum Gehorsam zu zwingen. So fremd uns das jetzt ist, so fremd sollte es sein, Kinder zum Gehorsam zu zwingen. Sobald wir uns bewusst sind, dass die Eltern-Kind-Beziehung eine Liebesbeziehung ist bzw. sein sollte, wird es uns leicht fallen, gewisse Verhaltensweisen loszulassen.

Was ist die Alternative zum Druck? In einer hierarchischen Liebesbeziehung, in einer Join-up-Beziehung also, gibt es sehr wohl Wege, einander zu beeinflussen: Ich gebe Anweisungen, äussere Wünsche, verbiete usw. Das Kind, das in richtiger Weise an mich gebunden ist, wird solches nicht leichtfertig übergehen. Und wenn doch? Ja, dann ist Beziehungsarbeit dran und nicht Druck. Dann ist die zweite Meile* dran und nicht das Herunterfahren der Dienstleistungen.

* siehe Infobrief 13-03

12.2. Die zweite Meile!

März 2013

«Wenn einer von dir verlangt, eine Meile mit ihm zu gehen, dann gehe zwei Meilen mit ihm!» Diese Bibelstelle aus dem fünften Kapitel des Matthäus-Evangeliums ist eine von denen, die ich erst seit Kurzem in ihrer Tiefe zu verstehen beginne. Erst seit ich mich intensiv damit auseinandersetze, was es braucht, damit Beziehungen tiefer und fester werden können, statt langsam zu erodieren und im Zerbruch oder in der Gleichgültigkeit zu enden. Es geht in diesem Vers darum, was Beziehungen nährt. Die erste Meile, die ich mit jemandem gehe, gibt ihm das, was er – zu Recht oder zu Unrecht – einfordert. Sie nährt die Beziehung nicht, sie verhindert, dass sie sich verschlechtert, und beugt somit allfälligen Unannehmlichkeiten vor. Ganz anders die zweite Meile: Sie ist es, die ich freiwillig mitgehe. Sie nährt nicht nur mein Gegenüber, sondern auch mich selber. Dieses Prinzip, das Jesus mit dem Vers vom Rock und dem Mantel unterstreicht, liegt dem Reich Gottes zugrunde. Es ist das Prinzip der unverdienten Gnade, das vielleicht in unseren Kopf passt, aber für unser Herz nur schwer zu fassen ist, es sei denn, wir fangen an, unseren Alltag danach auszurichten.

Wie oft reagieren wir Eltern auf das, was unsere Kinder fordern, und fühlen uns entsprechend unter Druck oder gar ausgenutzt. Hast du dir schon überlegt, wie es wäre, wenn du deinem Kinde mehr gibst als es einfordert? Wenn du spontan und aus eigenem Antrieb gibst? Einfach, weil du es willst und weil du spürst, wie gut das tut? Wenn du nachfragst, dir Zeit nimmst, bevor dein Kind darum bettelt oder sich resigniert zurückzieht, weil das Betteln so demütigend ist? Hast du dir schon überlegt, wie es sich anfühlen würde, mit deinem Mann oder deiner Frau die zweite Meile zu gehen? Wie könnte das konkret aussehen? Auf jeden Fall würde sich das Reich Gottes dadurch ausbreiten.

12.3. Manchmal brauchen Kinder Grenzen, um frei zu sein

November 2009

Marc (13): «Ich gehe am Freitag in den Park mit den Kollegen.»

Mama: «Was heisst das? Ich gehe…»

Marc (leicht gereizt): «Wir haben schon abgemacht. Alle gehen. Wir machen ein Lagerfeuer und sitzen ein bisschen ums Feuer. Das ist alles. Was soll da falsch sein dran?»

Was soll die Mama sagen? Es ist ja nichts Ungewöhnliches, dass Oberstüfler abends zusammensitzen wollen. Soll man das als Eltern zulassen oder nicht? Aus vertrauenspädagogischer Sicht könnte es so weitergehen:

Mama: «Weisst du, was mir aufgefallen ist? Du hast mir das mitgeteilt, anstatt zu fragen. Das entspricht nicht unseren Gewohnheiten.»

Marc (druckvoll): «Ich muss da hingehen. Alle gehen. Keiner muss zu Hause fragen, nur ich. Das ist unfair.»

Mama (ruhig und bestimmt): «Ich habe den Eindruck, dass du unter Druck bist und gar nicht wirklich frei, das zu tun, was du für richtig hältst. Das ist eine gefährliche Sache, Marc. Genau deshalb möchte ich nicht, dass du dort hingehst.»

Marc (verzweifelt): «Das kannst du nicht machen, Mama, wie steh ich denn da?»

Mama: «Wir gehen an diesem Abend alle zusammen ins Kino. Das wird dir helfen abzusagen, aber wir müssen unbedingt darüber reden, wie du dich selber bleiben kannst in dieser Klasse, weisst du, so, dass du das machen kannst, was du selber für gut findest. Mir sind nämlich noch andere Dinge aufgefallen...»

12.4. Gute Beziehung oder Join-up: Was ist der Unterschied?

August 2011

Diese Frage stellte mir eine Lehrkraft, die schon lange vertrauenspädagogisch unterwegs ist. Das ist in der Tat im Einzelfall nicht immer einfach zu unterscheiden. Nun, theoretisch ist es einfach. Eine Join-up-Beziehung ist eine gute Beziehung, die zusätzlich noch eine hierarchische ist. Das heisst, jemand ist über-, jemand ist untergeordnet. Es gibt Kinder, die sind charmant und anhänglich und leben dennoch im latenten Widerstand. Das merkt man etwa daran, dass sie Mühe haben, auf Anordnungen zu reagieren bzw. das Verhalten der Situation anzupassen. Sie nehmen sich Freiheiten heraus, die nicht okay sind, und du bist versucht, es zu tolerieren, weil du die gute Beziehung nicht gefährden willst.

Was kannst du tun? Ganz einfach: Join-up-Interventionen. Wenn die Beziehung gut ist, werden Kinder sehr schnell darauf einsteigen. Sie sind im Grunde froh, wenn die Hierarchie geklärt ist. Beispiel:

«Hast du gemerkt, Jan, dass ich ein bisschen genervt war heute im Matheunterricht?»

«Nein, wieso?»

«Du hast einen Witz gemacht und gleich noch einen angehängt. Fast hätte ich dich unterbrochen.»

«Man wird doch noch einen Scherz machen dürfen, oder?»

«Du sagst es: einen, aber nicht zwei.»

«Wieso haben Sie nichts gesagt?»

«Ich wollte das lieber mit dir alleine besprechen. Ich habe schon öfters das Gefühl gehabt, dass du dir etwas viel herausnimmst. Kannst du das verstehen?»

«Mh, ja und nein. Das enttäuscht mich jetzt ein bisschen. Ich dachte immer, Sie finden es auch lustig, wenn ich Witze mache.»

«Stimmt, das finde ich wirklich. Manchmal wird es mir zu viel, und ich weiss nicht, wie ich dich bremsen kann. Dann habe ich das Gefühl, dass du dich nur schwer unterordnest. Täuscht dieses Gefühl?»

«Wie meinen Sie das, ‹unterordnen›?»

Jetzt ist es Zeit, darüber zu sprechen, wie man es sich gegenseitig leicht machen kann, die Gleichwürdigkeit zu schaffen bzw. zu erhalten. Die Hauptverantwortung dafür tragen die Erwachsenen.

«Okay, das finde ich eine gute Idee, auf das Stichwort ... reagiere ich so schnell wie möglich.»

12.5. Erziehung zur Selbständigkeit

Juli 2011

«Mama, kannst du mir bitte bei diesen Aufgaben helfen?» – «Du kannst das selber!», sagt Joana zu ihrer dreizehnjährigen Tochter und lässt sie über ihren Matheaufgaben brüten. Joana wird ihr dann schon helfen, wenn sie es alleine nicht schafft. Alles okay, oder? Nun, etwas hat Joana nicht bedacht. Eigentlich muss man kein Kind zur Selbständigkeit drängen. Kinder wollen alles selber machen, was sie sich zutrauen. Selbstbewusst wird man kaum unter dem Zwang, etwas selber machen zu müssen, obwohl es da Ausnahmen geben mag. Aus vertrauenspädagogischer Sicht geht es darum, die Beziehung zu den Kindern zu vertiefen. Du bist es, an dem sich dein Kind orientieren soll, deine Hilfe soll es suchen, damit es nicht in Versuchung kommt, sich unreif und unsicher von dir zu lösen. Wenn sich unreife Kinder vorzeitig von ihren Eltern lösen (müssen), sind sie in grosser Gefahr, sich an andere Kinder zu binden, die in der gleichen Lage sind. Unreife orientieren sich dann an Unreifen.

Liebe Joana, vielleicht würde deine Tochter ja wirklich ein bisschen schneller lernen, Mathe-Übungen selbständig anzupacken. Vielleicht gibt sie wirklich nicht alles. Dennoch rate ich dir, jede Gelegenheit zu nutzen, deinem Kind zu helfen, wenn es dich darum bittet (ich meine: «bittet»!). Das festigt die Hierarchie zwischen euch. Das gibt dir Gelegenheit, fürsorglich zu sein und im Kind ebendiese Art der Hierarchie zu verankern. Das soll dich ja nicht hindern zu fragen: «Meinst du, du schaffst die nächste Übung alleine?»

Noch eine Anmerkung: Aus meiner Sicht ist das Streben nach Unabhängigkeit und Autonomie kein zentrales Anliegen im Reich Gottes. Es geht eigentlich um Reife, nicht so sehr um Selbständigkeit. Hilfe annehmen, ohne sich dabei schlecht und minderwertig zu fühlen, ist geradezu eine christliche Tugend. (Letztlich besteht ja die Sünde an sich gerade darin, von Gott unabhängig zu sein.) Diese Tugend fördern kannst du nur, wenn du dich verabschiedest von Gedanken des Misstrauens wie diesem: «Mein Kind könnte es schon, es ist nur zu faul zum Selber-Denken.» Wie gesagt, es mag da und dort so sein, aber es ist nicht okay, das einem Kind zu unterstellen.

12.6. Führung – arbeitsteilig

Juni 2011

Monika hat den Kurs in Erding organisiert. (Ihr habt wohl eher vom Bier als von der Gemeinde dort schon gehört...) Sie rief mich letzthin an und sagte mir, dass mein Input über den Gehorsam eine Entdeckung für sie war. Das gab mir zu denken, denn offensichtlich läuft man als Leser des Buches «Erziehen im Vertrauen» Gefahr, etwas Wichtiges zu vergessen. Aufträge und Anweisungen gehören unbedingt dazu, obwohl es häufig hilfreich ist, eine Wahlfreiheit zu geben. Lest, was sie schrieb:

«Beides wird getrennt betrachtet und – wichtig – dem Kind auch so mitgeteilt. Dies entlastet die Beziehung zum Kind enorm, da dieser ewige Machtkampf ums Gehorchen weg ist. Ich bin in meiner Anweisung greifbar und klar, das Kind darf gehorchen, es kann es aber auch sein lassen. Die Verantwortung fürs Gehorchen oder Nicht-Gehorchen liegt beim Kind. Wenn das Kind nicht nach meiner Anweisung handelt, bedeutet es nicht, dass meine Erziehung schlecht ist – und damit ich als Mama auch! Das Kind hat keine Macht über mich, es kann mich nicht ohnmächtig machen, unsere Beziehung bleibt frei. Das grosse Puzzleteil im VP-Puzzle, das du mir heute serviert hast, ist die Idee, dass ich meinem Kind die Anleitung für sein Handeln geben kann, darf und muss – das Kind wiederum ist für die Ausführung verantwortlich. Das sind zwei Paar Schuhe. Bisher habe ich unbewusst gedacht, ich sei für die Anleitung zuständig und auch dafür, dass mein Kind danach handelt, wobei ich gleich wieder die Gefahr im Hintergrund spüre, dem Kind, wenn es nicht folgt, den Satz ‹Ich hab's dir ja gesagt!› um die Ohren zu knallen – statt mit ihm zu trauern.»

Denkt dabei ans Bild mit den Enten. Das Folgen ist nicht Sache der Mutter, sondern der Entlein. Natürlich ist es in unserer Welt nicht immer möglich, das so durchzuziehen, aber als Grundhaltung sehr wichtig. Gehorchen unter Druck soll und wird dein Kind in anderen Umgebungen lernen.

Wer zum Gehorsam gezwungen wird, kann es nicht mehr freiwillig tun und wird so aus dem Join-up gedrängt.

12.7. Vertrauen ist ansteckend

Mai 2011

Kennst du die Situation, wo ein kleines Kind sich hinter der Mutter versteckt, wenn eine fremde Person sich nähert? Es tut etwas ganz Normales. Es will zuerst wissen, wie die Person zur Mutter steht. Je enger das Kind an die Mutter gebunden ist, desto schneller wird es ihre Haltung übernehmen und sich dem Erwachsenen gegenüber öffnen – oder eben auch nicht. Und das Kind wird merken, ob die Mutter wirklich eine gute Beziehung hat zu dieser Person oder ob es nur Anstand ist. Hast du dir schon überlegt, wie oft du dein Kind in die Obhut von jemandem gegeben hast, ohne diese Person bei deinem Kind «einzuführen»? Ohne die Vertrauensbrücke zu schlagen von dir z. B. zur Hortnerin oder zur Kindergärtnerin? Kinder reagieren dann manchmal abweisend und misstrauisch und nicht selten gelten sie bald einmal als schwierige Kinder. Aber eigentlich sollten wir lieber über das Umgekehrte nachdenken. Du kannst mit wenig Aufwand für dein Kind etwas unendlich Wichtiges tun: Knüpfe eine Beziehung zu seinen Bezugspersonen in Schule und Freizeit. Lade die Lehrerin einmal zu dir nach Hause ein. Es ist gar nicht nötig, dass ihr dann über das Kind sprecht und sein Verhalten analysiert. Je lockerer und vertrauter ihr miteinander sprecht, desto loyaler wird dein Kind sich in der Schule in der Folge verhalten. Ich habe unter den Marotten meines Primarlehrers wesentlich weniger gelitten als meine Schulkameraden. Ich habe ihn nie verachtet wie manche von ihnen und habe trotz seiner Defizite viel von ihm gelernt. Weisst du, weshalb? Er war ein Freund meines Vaters. Wenn es dir nicht gelingt, ein Ja zu finden zur Lehrperson deines Kindes, dann solltest du über eine alternative Schule nachdenken. Dein Kind hat nur diese eine Schulzeit.

12.8. Macht Liebe blind?

April 2011

Fest steht, dass Hass blind macht. Macht Liebe auch blind? Die Idee ist etwa die, dass Verliebte einander mit einer Rosabrille anschauen und irgendwann – spätestens im verflixten siebenten Jahr – einer vermeintlichen Wahrheit ins Auge schauen. Ich meine, dass es genau umgekehrt ist. Ist es nicht so, dass wir als Verliebte für kurze Zeit unser Misstrauen ablegen und einander so sehen, wie wir vielleicht gerne wären? Ich könnte mir vorstellen, dass das der Wahrheit näher kommt als das, was wir üblicherweise wahrnehmen bzw. interpretieren.

Ich habe im Infobrief über Anklagen geschrieben und darüber, dass sie Menschen abbauen. Mit der Liebe und ihrer Neigung, die Schattenseiten des Gegenübers auszublenden, ist es genau umgekehrt. Die Liebe ruft in uns unsere besten Möglichkeiten ab. Verliebte helfen einander bei jeder Gelegenheit, ermutigen sich gegenseitig, machen einander Komplimente, vermitteln, dass sie wertvoll sind usw. Was macht das mit denen? Sie werden ein bisschen so, wie sie gesehen werden. Mindestens im Kontext dieser Beziehung. Die Umstehenden sehen es oft anders und sagen: «Er ist halt verliebt.» Da ist jemand als leicht unzurechnungsfähig entschuldigt. Dabei ist er gerade dabei, seine besten Seiten zu entwickeln.

Irgendwann nimmt die Verliebtheit ab und dann interpretieren die Menschen das gegenseitige Verhalten vermeintlich objektiver, in Wahrheit pessimistischer bzw misstrauischer. Der «Normalzustand» holt sie wieder ein und damit die Blindheit dafür, dass wir alle – meistens – unser Bestes geben.

Vertrauenspädagogik fordert dich auf, deine Kinder wie ein Verliebter zu sehen. Mit Augen der Liebe eben, die im Zweifelsfall die bessere Variante vermuten und nachfragen, statt zu «sehen, was vor Augen ist». Mit Augen der Hoffnung und nicht der Kritik, mit Augen, die leiten und nicht gängeln. Das verändert Mitmenschen, nicht nur Kinder. Wenn du das tust, dann hoffentlich nicht blauäugig, weil du meinst, deine Kinder seien schon so, wie du sie siehst, sondern weil du sie mit den Augen Jesu sehen möchtest.

Dann wäre es dann in Wahrheit so: Wir sind sehend, wenn wir lieben, erblinden langsam mit dem Erkalten der Liebe und sind blind, wenn wir dem Hass Raum geben. Oder umgekehrt: Erst die Liebe öffnet die Augen.

12.9. Manipulation

Oktober 2010

Die folgende Frage eines Kursteilnehmers war der Ausgangspunkt dieses Inputs: «Du sagst, dass Kinder uns nicht manipulieren. Wie oft muss ich denn meinem Kleinkind den Löffel aufheben, den es umgehend wieder auf den Boden wirft?»

Kinder lieben Regeln. Sie lieben es, Gesetzmässigkeiten zu entdecken und zu schauen, ob sie das nächste Mal auch gelten. So auch mit dem Löffel.

«Ich lasse ihn fallen, Papi hebt ihn auf. Okay, gleich nochmals probieren. Es klappt, aha, so ist die Spielregel.» Diese lebenswichtige Fähigkeit, Regeln zu erkennen und einzuhalten, solltest du auf-, nicht abbauen. Das Kind würde dieses Spiel wohl noch lange spielen, wenn es nicht einen wachsenden Unmut in dir wahrnehmen würde. Dieser Unmut verwirrt es. Es spürt, dass etwas nicht stimmt, weiss aber nicht genau was. Was also tun? In der Verwirrung wird es wohl den Löffel noch einmal fallen lassen, in der Hoffnung, dass der alte Spass zurückkehrt.

Spiele das Spiel mit, zeige dem Kind, dass du seine Fähigkeit schätzest. Dann aber hebe den Löffel irgendwann zum letzten Mal auf, halte ihn ihm hin mit den Worten: «So, ich möchte mit diesem Spiel jetzt aufhören. Ich hebe ihn nicht mehr auf, wenn du ihn runter wirfst.» Das Kind wird dann vielleicht prüfen wollen, ob es dich richtig verstanden hat, und wird den Löffel wieder runter schmeissen. Vielleicht wird es sich zunächst freuen, dass du dich erwartungsgemäss verhältst und den Löffel liegen lässt. Vielleicht aber hat es dich nicht verstanden und ist enttäuscht. Dann aber wird es wissen: «Aha, was er sagte, bedeutete, dass er den Löffel jetzt nicht mehr aufhebt. Zu dumm, dass ich das nicht gemerkt habe.» In beiden Fällen wird es vielleicht den Löffel vermissen und jämmerlich schreien. Dann nimm das Kind am besten aus dem Hochsitz, damit es den Löffel selber holen kann und sich nicht geprellt fühlen muss.

Diese Interpretation ist vertrauenspädagogisch. Es mag sein, dass es Kinder gibt, die ihre Eltern manipulieren wollen.

Ich denke, es wird die Ausnahme sein. Wenn du davon ausgehst und deinem Kind das unterstellst, wird es nicht lange dauern, und du wirst recht haben damit. Kinder pflegen das zu tun, was wir von ihnen erwarten.

Denke daran: Die Eltern sind es, die die Vertrauensbeziehung zum Kind, das Join-up, zuerst verlassen, nicht die Kinder. Kinder würden dir nie Manipulation unterstellen, deshalb dauert es oft so lange, bis sie es merken, wenn es vorkommt. Wir Erwachsenen neigen dazu, das dann als Dummheit und Naivität zu interpretieren.

12.10. Das Wesen der Rebellion

Juli 2010

Heute hat mir ein Jugendlicher eine wunderbare Bestätigung geliefert, dass Rebellion und Kontrolle geschwisterliche Geister sind. Er sagte mir etwa Folgendes: «Ich muss einfach vorsorgen. Sobald ich mich nicht mehr wehre, nehmen mir die Erwachsenen alle Freiheit weg. Sobald ich tue, was sie sagen, kommen zwei neue Forderungen. Deshalb gibt es für mich keine Alternative.» Aus der Sicht der Erwachsenen sieht es umgekehrt aus: «Wenn ich ihm ein bisschen die Zügel loslasse, macht er, was er will. Deshalb muss ich ihn so eng führen.»

Siehst du, dass diese beiden Sichtweisen zusammenpassen? Die Eltern getrauen sich nicht, die Zügel loszulassen, und der Junge getraut sich nicht, seine Rebellion aufzugeben. Beide bestätigen mit ihrem Verhalten täglich einander: «Meine Befürchtungen sind berechtigt.» Was sich hier abspielt, spielt sich auf allen Niveaus immer wieder ab: in der Familie, am Arbeitsplatz und in der Weltpolitik. Der Ausstieg ist möglich, wenn jemand den ersten Schritt wagt. Dazu ist es hilfreich, wenn beide diesen unseligen Zusammenhang verstehen und sich davon verabschieden, einander üble Absichten zu unterstellen (obwohl vielleicht solche bei beiden auch noch mitmischen).

Falls du in einer ähnlichen Situation bist, dann möchte ich dir Mut machen, den Ausstieg zu wagen. Jugendliche und Kinder wissen mehr über das Leben, als wir Erwachsenen meinen. Ich weiss noch nicht, wie es weitergeht. Immerhin hat mir der Vater heute voller Hoffnung und Dankbarkeit berichtet, dass D bereit sei, seine Rebellion aufzugeben.

Hier noch ein Aufsteller aus dem Forum (Den Anfang müsst ihr selber dort nachlesen.):

Gestern Abend haben V. die Stube und A. die Küche aufgeräumt. Von sich aus :-)! Er hat sogar Spaghetti mit Tomatensauce zum Znacht gekocht. Es waren kaum Hilfestellungen nötig. Es fällt mir richtig auf, dass ich ihnen bis vor kurzem wirklich zu wenig zutraute. Wenn ich ihnen nun sage: Es muss noch dies und das gemacht werden, wer möchte was machen? Dann suchen sie sich fast immer das aus, was sie noch fast nie gemacht haben. Das finden sie wohl spannender. Ist ja eigentlich logisch. Ich kann das alles noch fast nicht glauben :-D.

13. Aus den Foren

In jedem Kurs laden wir die Teilnehmerinnen und Teilnehmer ein, sich am Forum zu beteiligen. Je nach Phase, in der die Schreibenden sind, spürt man, dass sie noch nicht den ganzen Inhalt des Join-up-Konzeptes erarbeitet haben, aber ich denke, es ist dennoch interessant, ein bisschen darin zu lesen. Das Auf und Ab, das Ringen um die neuen Verhaltensweisen ist wirklich beeindruckend.

Ich teile die Beiträge so gut es geht ein in die Chronologie der Entwicklung der Schreibenden – ohne Gewähr, dass das immer möglich ist. Ich habe die Orthografie korrigiert, die Beiträge im Übrigen aber im Original belassen - auch die gewöhnungsbedürftigen Abkürzungen, z. B. E8, das für die achtjährige Eva stehen könnte.

Manchmal diskutieren die Teilnehmer auch unter sich. Beiträge, die von uns sind, sind offen so deklariert (und auch im Original belassen...)

13.1. Hierarchie stärken

Eintrag von Landi

Hallo liebe Eltern!
Ich möchte euch kurz ein schönes Erlebnis weitergeben, das sich gerade bei uns abgespielt hat, wo ich die Hierarchie unter meinen drei Kindern stärken konnte.

S8 und E3,5 badeten zusammen Playmomännli in einer kleinen Badewanne mit Wasser, während Y6 alleine Barbie spielte. Nach einer Weile verliess S dieses Spiel und gesellte sich zu Y. Plötzlich hatten sie die Idee, nach oben zu den kleinen Legos zu gehen. Da wollte E auch mit und verliess gleich sein Wasserspiel, das sich unterdessen in eine kleine Überschwemmung verwandelt hatte. S rief grad aus und erklärte E mit Nachdruck, dass er diese Unordnung aber aufräumen sollte. Er ging jedoch ohne zu hören gleich nach oben. Vehement rannte S ihm nach und holte ihn zurück. Weinend kam er zu mir und jammerte. Ich nahm ihn in die Arme und erklärte ihm, dass S ganz recht habe, dass hier zuerst aufgeräumt werden sollte. E wollte nicht, und die Mädchen ärgerten sich, dass sie dies nun selber aufräumen sollten. S putzte den Boden mit einem Lappen, legte die nassen Playmomännli auf ein Tuch und gab E den Auftrag, diese abzutrocknen. Er wollte nicht. Ich schlug ihnen vor, sie dort liegen zu lassen. Wenn es E wieder besser gehe, könne er sie abtrocknen. Dann entfernte ich mich von den Kindern und überliess den Rest ihnen. Aus der Ferne nahm ich wahr, wie E unter der Anleitung von S seine Arbeit tat und in einem schönen Miteinander räumten die drei Playmo und Barbie auf, E immer dabei und einbezogen. Fröhlich gingen sie alle nach oben, um Lego zu spielen.

Dadurch, dass ich S in ihrer Forderung an E stärkte, band ich sie auch gleich in die Verantwortung ein, dass auch wirklich aufgeräumt wurde.

Viel Freude weiterhin an euren Kindern!

Lg Landi

Antwort von Vropfi

So schön, wär' gern dabei gewesen ;-)! Ich weiss bei unserem Ältesten D8 manchmal nicht so recht, wie ich ihm helfen kann.

Seit ich VP praktiziere, versucht er, es mir nachzumachen, was ich echt süss finde. Aber irgendwie findet er nicht so den Rank. R4, sein jüngster Bruder, fordert in echt heraus. Wenn R4 beim Spielen z. B. etwas will, was gerade D8 hat, versucht D8 meist auf lustige Art abzulenken. Er blödelt dann oft mit ihm oder versucht, ihn zum lachen zu bringen. Das tut er auch, wenn sich R4 z. B. am Tisch wegen etwas aufregt und das ganze zu eskalieren droht. Ich glaube D möchte die Situation so schnell wie möglich eindämmen. Aber oft ist es so, dass er ihn erst recht wütend macht. Die Tatsache, dass D das nicht «in den Griff» bekommt, macht ihn selber wütend. Ich habe es schon öfter thematisiert. Aber er will mir gar nicht zuhören. Es gibt natürlich auch die ganz schönen Situationen zwischen den Brüdern, wo R4 im Join-up mit D zu sein scheint. Aber es kann schnell kehren.

Antwort von Landi

Ja, liebe Vropfi, auch bei uns läuft es lang nicht immer so schön harmonisch. Was ich in letzter Zeit einfach mehr versuche, ist wirklich die Position unserer Ältesten zu stärken und zu schützen, indem ich sie vor den anderen bestätige, wann immer es geht. Das natürlich nur, wenn ihr Handeln auch fair und rücksichtsvoll war.

Spontaner Gedanke zu deinem Sohn D8: Du schreibst, es macht ihn wütend, dass er das nicht «in den Griff» bekommt, dass du aber auch nicht recht mit ihm sprechen kannst. Ich habe schon die Erfahrung gemacht, dass es ganz viel auslöste in den Kindern, wenn ich sage: «Ihr drei, könnt ihr zusammen die Hasen einfangen und in den Käfig bringen – unter der Führung von S8?» Dann zu S8: «Meinst du, du schaffst es, dass es dabei allen wohl ist? Falls etwas nicht klappen sollte, kannst du mich rufen.» So gebe ich die Hierarchie vor und S8 schon den Tipp, dass es den anderen wohl sein sollte unter ihrer Führung. So könntest du deinem Sohn indirekt sagen, wie seine Führung mehr Erfolg haben könnte. Und falls der Erfolg ausbleibt, weiss er, dass er zu dir kommen kann und bei dir Unterstützung findet.

Weiss nicht, ob dir das etwas bringt...

Knuddel Landi

13.2. Einfühlungsvermögen

Eintrag von Izi

Hallo zusammen!

Zuerst mal herzlichen Dank für all die tollen und wertvollen tiefgehenden Beiträge. Ich lese immer mit grossem Interesse mit und staune, wie treffend ihr Worte findet für vieles, wo ich auch dran bin.

Nun sind bei mir zwei neue Fragen entstanden:

1. Im Buch auf Seite 120, 121 steht, dass Strafe, eingebettet in liebevolle Beratung okay ist, wenn dem Kind das Einfühlungsvermögen fehlt! Nun, ist ein 2 ½-jähriges Kind überhaupt schon fähig sich einzufühlen? Rein von der Entwicklung her? Wäre es okay, unsere ältere Tochter zu strafen, wenn sie die jüngere klemmt oder schubst? Oder löst dies nur Frust aus?
2. Ab wann sind Kinder fähig, etwas länger am Tisch sitzen zu bleiben? Wie sind da eure Erfahrungen, und wie habt ihr es erreicht?

Unsere 2 ½-jährige Tochter ist – seit wir VP anwenden (und ich versuche, nicht mehr mit ihr zu schimpfen, sprich sie zu demütigen) – sooo süss und will viel mehr mal mit uns schmusen oder die Hand halten. Bin so dankbar für diese wertvollen Erfahrungen und das tolle Buch !

Danke! Izi

Antwort von Lili

Liebe Izi
Es freut mich, das auch du und deine Familie so viel von VP profitieren können. Denn in den Familien fängt es an.

Zu der Frage mit dem Einfühlungsvermögen: Ein Kind kann sich frühestens mit fünf Jahren in andere hineinfühlen. Zuerst ist es vor allem wichtig, das es sich selber spürt. Das heisst auch, dass es trauern lernt über Sachen, die nicht funktionieren, damit kein Frust entsteht. Wenn es das kann, wird es innerlich auch nicht hart werden und kann sich so auch in andere hineinfühlen. Ausserdem schaut es auch, wie du mit Frust umgehst ;-).

Zum Sitzen-Bleiben am Tisch findest du im Forum so einiges von Maria (Luema).

Herzliche Grüsse
Lili

Antwort von Bäretatze

Hallo!
Einfühlen können sich Kinder wirklich erst so mit 5 Jahren, und auch dann nur bedingt. In Situationen, die mit Frust gekoppelt sind, lässt das Einfühlungsvermögen auch noch viel später zu wünschen übrig. (Das fällt uns ja noch manchmal schwer...)

Aber du kannst in diesem Alter sehr gut schon die Fürsorglichkeit wecken. Ihr also erklären, dass es der Kleinen jetzt weh tut etc. Ihr auch zeigen, dass du die Kleine jetzt tröstest.

Oft können Kinder in diesem Alter schon sehr fürsorglich sein, in gewissen Momenten. Aber erzwingen kann man es nicht.

Am Tisch sitzen bleiben: Ich habe den Kids einfach erklärt, dass ICH jetzt noch sitzen bleibe und fertig esse und dass sie gerne auch mit uns sitzen bleiben dürfen. Aber wenn sie fertig gegessen haben, dürfen sie auch spielen gehen. Wir sind hier nicht so streng.

Du meinst doch das, oder habe ich dich falsch verstanden?

Antwort von tea4two

Wegen dem Sitzen-Bleiben: Wir handhaben es so, dass Kinder auf Kinder warten, nur die Erwachsenen müssen auf die Erwachsenen warten.

Das warten auf die anderen Kinder machen wir deshalb, weil die Ablenkung für die noch essenden Kids einfach zu gross ist, wenn eins schon spielen darf.

Diese Regel schleichen wir so um den 2. Geburi 'rum ein. Klappen tat's bei unsern Grossen so ab 2 ½-jährig.

Antwort von Vropfi

Ich kann da auch noch aus Erfahrung etwas hinzufügen. Von wegen Einfühlen hatten wir bei unserer S7 grosse Probleme, als A6 zur Welt kam. Sie sind nur 15 Monate auseinander, und es war für S anfangs jedes Mal ein grosser Stress, wenn ich A in den Armen hielt. Sie begann, ihre Wut und Frustration an A auszulassen. Eines Tages kam mir ganz spontan die Idee (A war nun aber schon etwa 2 Monate), S Verantwortung zu übergeben. Ich weiss, es war ein Wagnis. Ich kam am Morgen nach dem Stillen mit A auf dem Arm zu S ins Zimmer, die in ihrem Gitterbett sass und nach mir rief. Dann legte ich A zu ihr ins Bett mit der Bitte, kurz auf sie aufzupassen, ich müsse schnell aufs WC. Ich erklärte ihr, dass A gerade getrunken habe und vielleicht noch etwas 'rausgeben könnte. Deshalb gab ich ihr das Nuschi. Diese eine Handlung hat sehr viel bewirkt. Als ich wieder kam, lag S neben A, immer bereit zu putzen, falls etwas kommen würde. Sie strahlte übers ganze Gesicht! Es sind nun einige Jahre her, doch diese Geschichte wird mir wohl immer in Erinnerung bleiben. Von diesem Tag an, machte ich das immer wieder, bis ich schliesslich so viel Vertrauen hatte, dass ich duschen ging in dieser Zeit. Und wegen dem Aufstehen am Tisch: Ich esse gerne lange, mein Mann ist schneller fertig. Er nahm dann oft das Kleinste zu sich auf den Schoss zum schmüsele. Dann wollte es gar nicht weg vom Tisch, von dieser Gemeinschaft ;-). Das gibt es auch jetzt noch oft, obwohl sie nun zwischen 4 und 8 Jahren alt sind. Da kann es vorkommen, dass wir noch lange am Tisch sitzen.

Antwort von Luema, Donnerstag, 18. Juli 2013

Oh sooo schön Vropfi! Was für eine wunderschöne Geschichte!

Ich möchte hier nur zur Präzisierung ergänzen (für Forenleser, die nicht gleich das Buch zur Hand nehmen um nachzulesen), dass es hier nicht darum geht, dass Einfühlungsvermögen DURCH Strafe entstehen könnte.

Es geht hier nur darum, dass einem Kind, das andere oft plagt, weil ihm Einfühlungsvermögen fehlt, die Angst vor Strafe möglicherweise helfen wird, die anderen sanfter zu behandeln. Als Ersatz von Einfühlungsvermögen. Und zum Schutz für andere Kinder.

Heinz wird jedoch vermutlich mit mir einig sein, dass dies der letzte Weg ist, den wir wählen würden. Denn durch Strafe und Furcht davor, entsteht bestimmt kein echtes Einfühlungsvermögen. Das kann sich nur durch tiefe Beziehung entwickeln. Unser Ziel ist immer, dass das Kind reifen kann und sich diese Fähigkeiten dadurch von selbst entwickeln oder freigesetzt werden, wenn sie evtl. verschüttet sind. Das geht mit Strafe nicht.

14. Ausblick

Das Join-up-Prinzip ist nichts, was sich einfach auf den Umgang mit Kindern beschränkt, das habe ich ja bereits an mehreren Stellen angedeutet. Ein grosses Feld, wo sich das auswirkt, ist die Schule.
Ich habe darüber ein Buch geschrieben, das ich in unserem Verlag, dem **Verlag V**, veröffentlicht habe. Es heisst «Vertrauens-Schule». Die Vieldeutigkeit des Namens ist nicht zufällig. Auf die folgenden Fragen habe ich darin den Versuch einer Antwort gewagt.

- Wie kommt es, dass Kinder, die am Anfang im Join-up mit der Unterstufenlehrerin sind, bis zum Ende der Schulzeit einen wesentlichen Teil der Energie für den Widerstand verbrauchen und dass die meisten die Schule weniger als Chance, denn als Last wahrnehmen?
- Wie kommt es, dass man in der Schule den Unterricht rhythmisieren muss (alle 20 Minuten die Tätigkeit verändern), nachdem die gleichen Kinder eine halbe Nacht ohne Pause chatten können?
- Wie kommt es, dass so viele erfolglose Schüler später «den Knopf auftun»?

Mittlerweile sind schon viele Lehrkräfte dabei, den Ansatz umzusetzen, und alle machen sie die gleiche Erfahrung: Es braucht eine andere Methodik, denn die traditionelle ist in erster Linie für Kinder gedacht, die nicht im Join-up mit den

Lehrkräften sind. Hier gilt wie überall: Wenn wir jemanden, der im Join-up ist, so behandeln wie jemanden im Widerstand, dann werden wir ihn dorthin drängen – und umgekehrt. Genau das aber passiert den meisten Schülerinnen und Schülern im Laufe der Primarschule. Andere verlassen das Join-up aus Solidarität mit denen, die daraus vertrieben wurden. Wer noch bleibt, läuft Gefahr als Streber verachtet zu werden. Was ich hier schreibe, gilt längst nicht nur für «schwierige» Klassen. Selbst dort, wo Kinder ihre Lehrkräfte mögen oder sogar lieben, sind sie oft nicht wirklich im Join-up mit ihnen.

Diese Situation finden wir auch in Sonntagsschulen, in sozialpädagogischen Institutionen. Seit Sommer 2010 gibt es in der Schweiz eine kleine Privatschule, in der beide, Eltern und Schule, sich der Vertrauenspädagogik verpflichtet haben.

Auf unserer Webseite www.vertrauenspaedagogik.ch können Sie das Buch bestellen und sich über die weiteren Entwicklungen informieren. Sie haben dort die Möglichkeit, sich für den monatlichen Infobrief einzuschreiben.

Schlussbemerkung

Was wir hier beschrieben haben, ist weniger Erziehung, als einfach Zusammenleben. Solches Zusammenleben geht einher mit einem Entwicklungsprozess für Erwachsene wie für Kinder. Wenn Sie immer barmherziger, weniger dogmatisch, konfliktfähiger, liebevoller und gelassener werden, wird es Ihrem Kind auch so gehen.

Wenn Sie sich entschliessen, diesen Weg zu gehen, dann sollten Sie das nicht alleine tun. Tun Sie sich zusammen mit Ihrer erweiterten Familie zusammen, Freunden, Nachbarn und Bekannten, tauschen Sie darüber aus und unterstützen Sie sich gegenseitig. Die Chance, dass Sie nicht wieder in «altbewährte» Muster zurückfallen, steigt dadurch enorm.

Ich lade Sie auch ein, im Forum mitzumachen. Auf unserer Webseite finden Sie das Menu «Forum». Hier können Sie einfach einmal ein bisschen lesen. Sie kennen ja Ausschnitte daraus schon aus dem Buch. Es kommen laufend neue Themen hinzu.

Noch besser ist es, wenn Sie sich anmelden. Sie können dann selber ein Thema anfangen oder die Beiträge anderer kommentieren. Sie können das völlig anonym tun. Achten Sie beim Schreiben darauf, dass Sie auch die Privatsphäre ihrer Familie schützen.

Ich bin gespannt auf Ihre Beiträge. So oder so wünsche ich Ihnen viel Mut, neue Wege zu gehen.

Heinz Etter

Über den Autor

Heinz Etter, 1951 geboren, arbeitet seit 1972 mit Kindern und Jugendlichen, zunächst als Primar- und Sekundarlehrer, dann als Leiter eines Sonderschulheims. Als Schulischer Heilpädagoge an einer integrierten Oberstufe hat er die nötigen Erfahrungen für das Buch Vertrauens-Schule gesammelt. Seit Sommer 2009 führt er seine eigene «Beratungsstelle für Vertrauenspädagogik».

Er ist Vater von vier erwachsenen Kindern, Grossvater von zehn Enkelkindern und lebt in St. Peterzell im Toggenburg.

Das vorliegende Buch ist aus der Kurstätigkeit entstanden, die er zusammen mit seiner Frau, Hanni Etter, im Jahre 2006 aufgenommen hat. (Deshalb im Text ab und zu die Wir-Form.) Ohne ihre Arbeit als Reittherapeutin SVHPR und ihre Auseinandersetzung mit gewaltfreier Pferdeerziehung wären wohl weder die Erziehungskurse noch dieses Buch entstanden.

Buchempfehlungen

Erhältlich u. a. in unserem Shop auf www.vertrauenspaedagogik.ch

Vertrauen von Geburt an

Autorin: Maria Lüscher

Nach der Geburt eines Kindes werden Eltern mit vielen gut gemeinten Ratschlägen konfrontiert. Oft wissen sie nicht, auf welche der vielmals gegensätzlichen Meinungen sie hören sollen. «Vertrauen von Geburt an» zeigt auf, dass der richtige Umgang mit einem Baby nicht schwierig ist. Es geht davon aus, dass wie jedes Tier auch der Mensch ein inneres Wissen hat, wie man richtig mit seinem Nachwuchs umgeht. Bei uns ist dieses Wissen oft verschüttet. Nicht so aber beim Baby selbst: Es hat ein untrügliches Gefühl für das, was es braucht, um optimal aufzuwachsen.

Dieses Buch möchte helfen, das eigene innere Wissen wieder zu entdecken, im Vertrauen darauf, dass der Schöpfer sowohl Eltern als auch Kindern das Gefühl für den richtigen Umgang eingepflanzt hat. Die einfache Frage: «Wie hat sich Gott den Umgang mit den Babys gedacht, als er sie und die Eltern schuf?» zieht sich wie ein roter Faden durch die Lektüre. Praktische Beispiele, wissenschaftlich untermauert, illustrieren erstaunliche und doch einfache Antworten.

Vertrauens-Schule

Autor: Heinz Etter

Vertrauens-Schule richtet sich an Leute, die in der Schule Vertrauenspädagogik umsetzen wollen. Sehr viele Passagen sind aber auch leicht auf alle anderen Situationen zu übertragen, wo Menschen Kinder führen wollen bzw. sollen, die nicht ihre eigenen sind, SonntagsschulhelferInnen oder Sozialpädagogen, JungscharleiterInnen oder Babysitter.

Die Situation ist hier ein bisschen anders als in der Familie, da es zwischen Schülerinnen und Schülern und Lehrkräften keine Bindungskräfte gibt, die man mit den familiären vergleichen könnte. Aber auch in der Schule kann man Join-ups erreichen. Es ist gar nicht so schwer, schwerer ist es, im Join-up zu bleiben, genau wie in der Familie.

Lernen statt pauken – Mit deinem Gehirn auf Du und Du

Autor: Heinz Etter

In diesem Büchlein geht es um den vertrauenspädagogischen Umgang mit dem eigenen Gehirn bzw. um das Lernen unter VP-Bedingungen. Es enthält Dialoge mit dem eigenen Gehirn, wo dieses erklärt, warum es gewisse Dinge nicht behalten oder lernen kann. Das Gehirn erklärt auf nachvollziehbare Weise, was nötig wäre, damit es mitmachen würde. Die neue erweiterte Auflage habe ich ergänzt mit wichtigen Ergebnissen der Hirnforschung - in der gleichen dialogischen Form.

Es eignet sich gut für Kinder ab der Mittelstufe, und ist auch für Erwachsene hilfreich.

Unsere Kinder brauchen uns

Autoren: Gordon Neufeld/Gabor Maté
Kinder kommen mit dem instinktiven Drang zur Welt, sich an die Menschen zu binden, die sie versorgen, im Normalfall die Eltern, und sich an ihnen zu orientieren. Sie übernehmen zunächst die Werte ihrer Eltern und entwickeln erst auf dem Boden dieser Geborgenheit die Reife zu echter, selbstbewusster Eigenständigkeit. So funktioniert seit Menschengedenken das Heranreifen von Menschen und die Übermittlung kultureller Errungenschaften von Generation zu Generation. Seit ein paar Jahrzehnten werden unsere Kinder jedoch von klein auf ständig in Situationen gebracht, wo ihre zentralen Bezugspersonen nicht verfügbar sind, und selbst zuhause ersetzen zunehmend Fernsehen, Computer, Handy und Dauerbesuche von Freunden die Zuwendung der gestressten Eltern. Da die stellvertretenden erwachsenen Betreuungspersonen (Erzieher, Lehrkräfte) um die Dynamik dieses machtvollen Bindungsinstinktes meist nicht wissen und durch viel zu grosse Gruppen Gleichaltriger überfordert sind, geraten die Kinder in eine verstörende Bindungslücke. In ihrer Not wenden sie sich dann ihren Altersgenossen zu, die ebenso unreif und unerfahren sind wie sie, um nun von ihnen zu lernen.

Himmel auf Erden

Autor: Werner Tanner
Dieses Buch nimmt Menschen an die Hand, die ihre Kinder besser verstehen, unterstützen und in ein freies, selbstständiges und gesundes Erwachsenenwerden führen wollen. Es ist gedacht für alle, die sich mit gewohnten, überlieferten Erziehungsmethoden nicht mehr zufrieden geben. Es wurde geschrieben, um ganz natürlich den Himmel in das Leben der Kinder zu bringen.
Werner Tanner ist Architekt, Pädagoge und leitet die Familienwerkstatt der Stiftung Schleife.

Sexualerziehung? Familiensache!

Just do it – bevor andere es tun!

Autorin: Regula Lehmann
«Sexualerziehung gehört in die Familie - weil es dafür keinen besseren Ort gibt!» Dieser Praxis-Ratgeber ist das Ergebnis eines persönlichen Weges: Die Autorin ist Mutter von vier Kindern und einer Pflegetochter, dazu freiberufliche Präventionsfachfrau, Kursleiterin, Referentin und Elterncoach für Erziehungsfragen. Viele eigene Erfahrungen und langjähriges Beobachten, das Studium der Fachliteratur sowie der Austausch mit Pädagogen und Freunden bilden die Grundlage ihrer Ausführungen zum Thema «Sexualerziehung in der Familie». Für jeden Altersabschnitt, den Eltern gemeinsam mit ihrem Kind durchleben, bietet sie ermutigende Anregungen und Hilfestellungen. Ihr Ziel ist es, erprobte Leitlinien und Prinzipien vorzustellen, die ein gesundes Aufwachsen von Kindern mitten in einer sexualisierten Welt unterstützen und fördern.

× Stillen mit Tom so lang

× allein sein mit Tom

× so früh in Kindergarten }

Verantwortung × Tisch decken Tom

× Wäsche Lia

Spielsachen - selbst was bauen

- selbst kreativ

Nahrung im Geist

× Du bist meine schönste Prinzessin

× Du bist mein Held, du bist mein Kämpfer, du bist stark